Gabi Pertus

AUSwege finden

Kinder psychisch kranker Eltern

www.tredition.de

© 2017 Gabi Pertus

Verlag und Druck: tredition GmbH, Grindelallee 188, 20144 Hamburg

Paperback: 978-3-7439-5236-2
Hardcover: 978-3-7439-5237-9
e-Book: 978-3-7439-5238-6

„Es gibt so viele Wahrheiten und Realitäten wie es Menschen auf Erden gibt."

Anonyme Psychiatrieerfahrene

Vorwort

Psychische Erkrankungen sind keine gesellschaftliche Randerscheinung. Folgt man seriösen Einschätzungen, dann zeigt sich, dass rund ein Drittel der erwachsenen Bevölkerung in Deutschland Erfahrungen mit Ängsten, Depressionen, Suchterkrankungen oder schizophrenen Beeinträchtigungen hat. Psychische Erkrankungen lassen sich kaum mit grippalen Infekten vergleichen, die kurzfristig auftreten und nach ihrem Abklingen wieder in die normale Alltagswelt entlassen: Denn psychische Beeinträchtigungen verstören, verwunden und hinterlassen oftmals Narben der Scham und der Schuld. Selten bleibt alles so wie es vor der Erkrankung war. Auch wenn die Auseinandersetzung mit der Erkrankung eine Chance auf Reflexion und existentielle Veränderung bietet: Sie ist teuer erkauft. Eine „Zu-Mutung" für Betroffene und ihre Angehörige ist sie allemal.

In der professionellen Auseinandersetzung mit dem Thema psychischer Erkrankungen geraten insbesondere die Kinder von Eltern mit psychischer Erkrankung schnell aus dem Blickfeld. In einer aktuellen Umfrage unter Menschen mit langwierigen psychischen Beeinträchtigungen wurde deutlich, dass rund ein Drittel der Betroffenen Kinder hat. Aber was sagen diese nüchternen Zahlen der Statistik letztlich aus? Wir wissen aus der Praxis, dass die

Erkrankung eines Elternteils für die Jungen und Mädchen eine dramatische Herausforderung darstellt. Dabei geht es nicht allein um das Scheidungsrisiko der Eltern oder um die – krankheitsbedingte – Armut. Beides wäre schlimm genug. Es geht vielmehr um die Bindungserfahrungen der Kinder: Sicherheit und Vertrauen in das elterliche Erziehungsverhalten bleiben - zumindest - riskiert, weil die psychische Erkrankung der Mutter oder des Vaters eine verlässliche Beziehung immer zu unterlaufen droht. Daran können – sofern die notwendigen Rahmenbedingungen stimmen - Kinder psychisch wachsen. Aber letztlich leiden viele ihr Leben lang darunter, bleiben verunsichert, beschämt, misstrauisch und entwickeln unter Umständen ein Bewältigungsverhalten, das zerstörerische Formen annehmen kann. Auch wenn pauschale Zuschreibungen schwierig sind: Aufwachsen im „Schatten" der elterlichen psychischen Erkrankung ist oftmals ein Drama mit lebenslanger Prägung.

Die Journalistin Gabi Pertus hat in ihren bisherigen Veröffentlichungen immer wieder versucht, hinter die Sichtschutzmauern der öffentlichen Wahrnehmung zu leuchten. Das gilt auch für das vorliegende Buch: Sie lässt in den Interviews mit erwachsenen Kindern psychisch beeinträchtigter Eltern die Betroffenen selber zu Wort kommen, anrührend und berührend. Es wird die Auseinandersetzung mit den Eltern beschrieben, die – von ihrer Erkrankung vereinnahmt – den kindlichen

Bedürfnissen nicht immer gerecht werden können. Zur Sprache kommen die kindliche Wut, die Ängste, die Einsamkeit und die Überforderung. Aber auch das Verzeihen als schmerzliche Einsicht in die elterliche Not.

Ihr Motiv für diese Themenwahl ist in den biographischen Bezügen von Gabi Pertus zu suchen. Ihr großes Engagement für die Belange von Menschen mit psychischen Erkrankungen und deren Angehörige ist über die regionalen Grenzen Rostocks hinaus bekannt. Ich hoffe, dass dieses Buch viele Leserinnen und Leser findet und nicht nur bei Betroffenen Resonanz auslöst. Es bleibt weiterhin notwendig, auch in der fachlichen und breiten Öffentlichkeit, die Aufmerksamkeit für die Belange der Kinder von Menschen mit psychischen Erkrankungen zu schärfen

Prof. Dr. Andreas Speck

Professur – Sozialpsychologie, Sozialpsychiatrie und Gender/Diversity

Neubrandenburg, Mai 2017

Bärbel – 28

Wann und wie ist dir bewusst geworden, dass deine Mutter anders tickt als andere Menschen?

Schon in sehr früher Kindheit, weil sie dauernd geweint hat und einen Putzzwang hatte. Es wurden jeden Montag fast alle Möbel aus dem Wohnzimmer geräumt, damit „ordentlich und gründlich" sauber gemacht werden konnte. Ich musste in meinem Zimmer bleiben, bis sie fertig war. Als ich ungefähr sechs Jahre alt war, habe ich dann draußen im Hof mit den Nachbarskindern gespielt. Als ich acht Jahre alt war, hatte ich einen Unfall. Ich bin mit der Hand durch eine Glasscheibe gefallen und habe mir den ganzen Unterarm bis auf den Knochen aufgeschnitten. Meine Mutter geriet in Panik und wusste die Nummer vom Notruf nicht mehr. Diese musste ich ihr sagen. Im Krankenhaus wollte sie von den Ärzten Beruhigungsmittel haben und konnte die Frage nicht beantworten, wo mein Vater arbeitet. Das musste ich dann machen, obwohl ich ja eigentlich der Patient und ein achtjähriges Kind war. Sie war stets nervös und nahm dann zur Beruhigung ein paar Schnäpse. Sie hat viel gejammert, weil sie Probleme hatte mit ihrer Mutter.

Wie äußerte sich die Krankheit?

Sie hat geweint, geputzt oder geschlafen. Tagelang hat sie mit niemanden geredet.

Gab es Suizid-Gedanken?

Sie hat oft erzählt, dass sie nicht mehr leben mag und von der Brücke springen oder sich die Pulsadern aufschneiden will. Zum Schluss hat sie gesagt, dass sie sich mit Alkohol tottrinken will, was ihr dann ja leider gelungen ist.

Mit wem konntest du darüber reden?

Leider mit niemanden. Meine Verwandtschaft und die Freundin meiner Mutter sagten zu mir, dass es ja mit ihr so nicht weitergehen könnte und ich mich bitte mal darum kümmern sollte. Mutter selbst wollte sich nicht mit ihrer Krankheit beschäftigen. Die Verwandten haben mich sogar als einzige Vernünftige in der Familie bezeichnet. Für mich und meine Probleme war kein Platz. Ich war allein mit allen meinen Sorgen.

Wie wurde das das ungewöhnliche Verhalten in deiner Familie und bei deinen Freunden aufgenommen?

Meine Freunde wussten nichts davon, ich habe alles gut verstecken können. Die Reaktion der Familie war: Gar nicht drüber reden und alles dem Kind überlassen. Ich habe die mir zugewiesene Rolle gut gespielt. „Immer lächeln, immer vergnügt. Bei uns ist alles super." Hat auch jeder geglaubt, es kamen nie Fragen von anderen. Also war ich wohl eine perfekte Schauspielerin.

Wurde Hilfe – welcher Art – angeboten?

Nein, ich bekam nie Hilfe – trotz offensichtlicher Ungereimtheiten. Ich hatte der Fels in der Brandung zu sein.

Welche Unterstützung habt Ihr von außen – Ärzte, Ämter, soziales Netz – bekommen?

Gar keine. Ich habe meine Mutter zwar zum Arzt (Psychologe und Amtsarzt) geschleppt – in der Hoffnung, dass sich jemand um sie kümmert. Das war leider alles Fehlanzeige.

Wie hat das Umfeld (Kollegen, Hausbewohner, Sportfreunde usw.) reagiert?

Die Mitbewohner haben sich später im Altenwohnheim bei der Heimleitung beschwert, weil meine Mutter unter Alkoholeinfluss meinen Vater laut angepöbelt hat. Bevor das Paar in diese Einrichtung geogen ist, haben die Nachbarn nicht viel mitbekommen. Meine Mutter hat meistens geschlafen und war nicht auf der Straße zu sehen.

Wie unterschied sich Euer Familienleben von dem deiner Klassenkameraden?

Bei uns herrschte nie Fröhlichkeit, sondern Kummer und Sorgen bestimmten das Familienleben. Alles war ernst und mit Problemen besetzt. In meiner Kindheit hatte meine Mutter große Angstzustände. Sie ist mit mir im Herbst in der Wohnung Laterne gelaufen, wenn mein Vater abends nicht da gewesen ist. Sie hatte Angst, dass uns auf der Straße etwas passieren könnte.

Musstest du Verantwortung für deine Mutter übernehmen?

Ich habe die Verantwortung für meine Mutter übernommen. Als ihre Mutter starb, habe ich mich um alles Amtssachen gekümmert. Überhaupt alle Dinge, die von außen kamen, hatte ich zu erledigen.

Als Kind habe ich mit meiner Oma über die Auseinandersetzungen gesprochen, welche die beiden miteinander hatten. Mir hat meine Oma zugehört, ohne böse zu werden. Darüber war meine Mutter ganz erstaunt. Die Schwester und die Cousine meiner Oma wollten mit unserem Thema nichts zu tun haben. So blieb alles an mir hängen.

Hat dich das stärker, umsichtiger, selbständiger gemacht?

JA, zwangsläufig. Ich bekomme heute noch von vielen Menschen die Rückmeldung, dass ich ein Fels in der Brandung sei. Ich wäre ja so patent und praktisch. Allerdings habe ich dadurch ein Helfersyndrom entwickelt, nehme anderen schnell ihre Eigenverantwortung ab. Ich war es ja über Jahre gewohnt, einfach zu machen, ohne zu fragen ob es für den Betroffenen okay ist. Für die Ratsuchenden ist es ja schön bequem. In dieser Hinsicht muss ich jetzt an mir arbeiten, um ein gesundes Maß zu entwickeln.

Hat dich jemand über die Krankheit aufgeklärt?

Nein, ich habe mir alles aus Büchern und im Internet angelesen.

Hast du wenigstens ansatzweise das eigenartige Verhalten verstehen können?

Ich war von frühester Kindheit an der Seelenmülleimer meiner Mutter, weil ich stets hartnäckig gefragt habe, warum sie denn weine. Selbst, wenn sie gesagt hat, dass ich das nicht verstünde, habe ich sie so lange bedrängt, bis sie mir ihre Sorgen erzählt hat. So kannte ich die Zustände meiner Erziehungsberechtigten schon sehr zeitig und habe diese verstehen gelernt. Es hat mich unheimlich wütend gemacht, dass bei uns Jegliches so problembesetzt gewesen ist. Ich wollte auch so eine lockere und fröhliche Mutter wie meine Schulkameraden hatten.

Hattest du eine Ahnung wie die Medikamente wirkten?

Sie hat Antidepressiva bekommen. Eine positive Wirkung konnte ich nicht feststellen. Hauptsächlich nahm sie Alkohol als Medizin. Die Wirkung habe ich voll zu spüren bekommen. Das ging von Wutausbrüchen bis dazu, dass sie den ganzen Tag geschlafen hat oder längere Zeit auf dem Fußboden lag. Die Führung des Haushalts oblag mir. Naja, das kann man ja nicht früh genug lernen. Als ich dann allein lebte, war die Selbständigkeit hilfreich für mich.

Hattest du Angst, kannst du das Gefühl formulieren?

Ich hatte immer Angst, dass meiner Mutter etwas passiert. Sei es, dass sie im Suff hinfällt (das kam oft vor) oder dass sie sich das Leben nimmt. Als ich dann meine eigene Wohnung hatte, bin ich jedes Mal zusammengezuckt, wenn das Telefon klingelte. Es kam nicht selten vor, dass mich der Notdienst auf dem Handy anrief, weil meine Mutter bei ihren Eltern gewesen ist und dort hingefallen war. Durch die Feuerwehr habe ich vom Tode meiner Mutter erfahren. Sie ist auf dem Fußboden verstorben.

Was hast du getan, wenn dir alles über den Kopf zu wachsen drohte?

Ich bin am Wochenende zu Freunden aufs Land gefahren. Hauptsache ich war raus aus der Stadt und in Gesellschaft von anderen Menschen. Allerdings immer mit dem schlechten Gewissen, dass während meiner Abwesenheit mit meiner Mutter etwas zustoßen könnte.

Konntest du dein ungewöhnliches Leben in einer Therapie bearbeiten?

Ich habe mal eine Therapie gemacht, hatte aber das Gefühl, dass ich nichts bearbeitet habe. Die Therapeutin setzte sich stumm vor mich hin und wartete, bis ich anfing zu reden. Ich hätte es lieber gehabt, wenn sie mich gefragt hätte, wie es mir geht, wie meine Woche gewesen ist usw.. Ich hatte das Gefühl, dass sie sich nicht für mich interessierte. Genau nach 50 Minuten musste ich gehen. Mir reichte diese Zeit nie, wenn sich ein Redebedürfnis entwickelt hatte. Als einziges nahm ich folgenden Satz aus der Therapie mit: Ihre Mutter hört sie nicht bzw. nimmt sie nicht wahr. Ich hatte eine Freundin, die selbst eine Therapie machte. Mit ihr habe ich mich das erste Mal über die mich belastenden Dinge unterhalten. Sie sagte zu mir: „Man spürt dich gar nicht, du bist ja total zu. Immer bist du gut gelaunt. Bringt dich denn gar nichts aus der Ruhe oder macht dich nie etwas wütend?" Diese Rückmeldung hätte ich mir von der Psychologin gewünscht. Das war ein Anfang des Nachdenkens für mich in eine bestimmte Richtung.

Bist du früher selbständig und verantwortungsbewusst gewesen als deine Freunde?

Ja, natürlich. Ich hatte schon mit acht Jahren einen eigenen Haustürschlüssel. Wenn wir als Kinder mal mit dem Feuer gespielt haben, hatte ich natürlich Sand zum Löschen dabei, damit wir abgesichert waren. Als wir im Hof Verstecken gespielt haben, schlug ich vor, dass eine Eisentür zum Freischlagen benutzt würde. Die Hoftür hatte Glasscheiben, das war mir zu gefährlich. Die anderen Kinder überstimmten mich, ich war dann leider das Opfer, schnitt mir den ganzen Unterarm auf.

Haben dich deine Erfahrungen in der Kindheit sensibel für andere Menschen gemacht? Interessiert dich ein sozialer Beruf?

Ja, ich merke sofort, wenn es jemanden schlecht geht. Es dauert nicht lange, dann kommen solche Leute auf mich zu und erzählen mir aus ihrem Leben. Ich scheine da etwas auszustrahlen, denn ich frage ja keinen, ob er ein bisschen mit mir reden möchte … Einige meiner Kollegen beschäftigen sich im Moment mit ihren psychisch kranken Angehörigen. Sie bitten mich um Rat und Gespräche. Im Moment mache ich

14

die EX-IN-Ausbildung als Genesungsbegleiterin für Angehörige. Ich würde gern hauptberuflich als Genesungsbegleiterin arbeiten, es sieht aber nicht aus, als wenn man davon leben könnte.

Brigitte – 32

Wir sind zwei Schwestern, mit einem Abstand von drei Jahren wurden wir geboren. Jede von uns hat einen anderen Vater. Ich war zwei Jahre und meine Schwester fünf Jahre alt, da zogen wir nach Berlin und meine Mutter heiratete.

Zu ihrem neuen Gefährten sollten wir Papa sagen. Die Verbindung hielt nicht lange. Als ich fünf Jahre alt war, verließen wir den Peiniger. Vorher prügelte er meine Mutter fast zu Tode. Wir hatten noch ein Brüderchen bekommen. Das blieb bei seinem Erzeuger. Unsere neue Bleibe war klein und miefig. Ich erinnere mich, dass es eine Altbauwohnung im Hinterhaus ohne Dusche und Heizung war. Ich denke nicht gern daran zurück. Meine Mutter hatte von meinem Stiefvater das Drechseln gelernt. Die von ihr hergestellten Gegenstände waren damals gefragt. Nach ihrer Trennung machte sich Mutter selbständig mit ihrer Drechselei. Kunstgewerbliche Angebote kamen gut an. Oft hatte sie über Monate hinweg Bestellungen. Da Mutter gut verdiente, hatten wir ein schönes Leben, konnten uns so einiges leisten. Stephan hieß der nächste Geliebte meiner

Mutter. Er gliederte sich in unsere Familie gut ein. Wir haben alle zusammen viel unternommen. Unser Bruder lebte inzwischen wieder bei uns. Sein Erzeuger hatte eine neue Frau gefunden und war in eine andere Stadt gezogen. Zu Ostern flochten wir Körbe für die Eier, im Februar organisierten wir eine Faschingsfeier, im Sommer gingen wir an einen See baden oder im Herbst in den Wald zum Pilze sammeln. Es war eine schöne Zeit, an die ich gern zurückdenke. Noch heute spüre ich das Gefühl des Zusammenhalts, des Vertrauens und der Wärme.

Obwohl wir uns alle wohlfühlten, kaum Sorgen hatten, geriet meine Mutter immer wieder in eigenartige Phasen. Sie war dann aufgedreht, nervös, angespannt und schon durch Kleinigkeiten aus der Ruhe zu bringen. Dieser Umstand hat mich in meinem kindlichen Alter nicht weiter beschäftigt. Das war eben hin und wieder mal so.

Das Kinderzimmer teilte ich mit meiner Schwester. Wenn die Erwachsenen abends mal weggingen und unser Bruder schlief, war bei uns so richtig was los. Sobald wir die Tür ins Schloss fallen hörten, zeigte Desela ihre Kunststückchen. Sie konnte fast ohne Hilfsmittel die glatten Wände hochklettern. Dazu war ich viel zu plump. Müde verschanzte ich mich mit meinen Kuscheltieren auf dem Schrank und schlief dort ein. Das gab vielleicht ein Gezeter als die Großen nach Hause kamen.

Bei der immer wiederkehrenden Unruhe und dem gereizt sein meiner Mutter blieb Streit der Partner nicht aus. Dabei war es meist meine Mama, die Diskussionen mit Stephan anfing, sie provozierte, meckerte und beleidigte. Sehr spät registrierte ich, dass es immer diese unruhigen Phasen waren, in denen solcher Art Zwist entstand. Irgendwann kam sie darauf, dass man diese Befindlichkeiten mit Medikamenten wegdrücken kann. Wenn sie ihre Faustan (zur Spannungs-und Angstlösung) genommen hatte, machte sie sehr bald einen gelösten Eindruck.

Wenn Mutter etwas verbeult von Stephans Schlägen war, wollte sie mir immer einreden, dass es bei dem Streit um mich gegangen wäre. Ich fühlte mich jedes Mal schuldig. Der Mann wohnte trotz aller Zwistigkeiten weiter bei uns. Das machte keinen Spaß. Er hing nur rum, verpennte seine Zeit, wusch sich nicht. Eine Anzeige beim Jugendamt wegen Sauferei in Anwesenheit der Kinder und seiner Verwahrlosung nützte gar nichts. Wir wurden ihn nicht los.

Nach vielen Querelen haben wir dann mit Hilfe von Freunden endlich eine andere Wohnung gefunden. Nachdem Stephan einige Wochen in der alten Bude ganz allein vor sich hin gelitten hatte, fiel ihm ein, wieder mit uns zusammen sein zu wollen. Die Erwachsenen schlossen ein Abkommen. Stephan sollte unser Stiefvater bleiben und sich um uns kümmern, wenn Mutter arbeitete. Das klappte dann auch gut. Zwischen den Beiden entwickelte sich so etwas wie eine Freundschaft. Stephan brachte uns bei, die Uhr zu lesen, schaute die Hausaufgaben nach und achtete darauf, dass wir immer pünktlich nach Hause kamen. Er hatte bei uns Baderecht und durfte die Waschmaschine benutzen.

Auch Stephan war eines Tages nicht mehr da. Erklärt wurde uns sein Verschwinden nicht. Mutter arbeitete hart in ihrem Drechsel-Keller. Wir waren nun Schlüsselkinder. An einem Schlüppergummi baumelte der Schlüssel an unserem Hals. Wir organisierten uns selbst. Nach der Schule erledigten wir Hausaufgaben und gingen dann zum Spielen raus.

Ich kam mit sechs Jahren wie alle anderen Kinder in die Schule. Schnell wurde ich zum Außenseiter, das war im Kindergarten nicht so gewesen. „Die hat keinen Vater" tuschelte es. Ich war mir bis dahin gar nicht dessen bewusst, dass das ein Makel sein könnte. Kannte ich es doch gar nicht anders.

Pflegeleicht war ich nicht. Es konnte schon vorkommen, dass ich irgendeinen Jungen verprügelte, der mich blöd angemacht hatte. Dann hatte ich heftige Diskussionen mit dem Lehrer, dem Rektor und zuletzt mit meiner Mutter. Mein Bruder hatte Glück, er hatte eine tolle Lehrerin, deswegen ging er sehr gern in die Schule. Mir dagegen ging es ganz anders. Mein Klassenlehrer behauptete ständig – und das vor der ganzen Klasse -:"Du kannst das nicht, du bist zu dumm." Ich bildete mir daraufhin ein, verrückt zu sein, nicht richtig zu ticken.

Überhaupt waren wir drei Geschwister immer die schwarzen Schafe. Mich nannte man „Die Doofe". Ich hatte kaum Freunde, war viel mit Erwachsenen zusammen. Einmal gab es Läuse in der Klasse, das konnte natürlich nur von uns kommen. Die Kinder aus dem Haus klopften an unsere Tür und riefen: „Läuseweiber, Läuseweiber". „Assikind" war eine Bezeichnung, die wir uns oft gefallen lassen mussten. Wir trauten uns manchmal gar nicht auf die Straße.

Wir Geschwister verhielten uns nicht so wie die anderen Jungen und Mädchen in unserer Schule. Pionierbluse und Pionier-Halstuch so etwas hatten wir nicht, weil wir gar nicht Mitglied dieser Organisation wurden. Das war damals ungewöhnlich. Außenseiter sind wir gewesen. Wir hatten keine Lust zu den bescheuerten Festen Fahnen und Transparente herumzuschleppen. Beim Fahnenappell mussten wir in der letzten Reihe stehen, damit uns nicht so schnell einer sieht, weil wir ja nicht die richtigen Klamotten anhatten. Für meine Mutter war die Pionierorganisation nicht wichtig. Sie wollte kein Geld für Pionierkleidung ausgeben. Ihr parteitreuer Vater hat sie oft gewarnt. Er hatte Angst, dass wir ins Heim kommen, wenn Mutter Parolen heraushaute, die nicht gerade staatsfreundlich waren.

In unserem Zuhause war es sauber und ordentlich. Zwei-dreimal in der Woche wurde gesaugt, auch in der Drechsel-Werkstatt. In unserer Wohnung konnte man nichts rumliegen lassen. Alles war dort, wo es hingehörte. Wir hatten so wenig Raum zur Verfügung, dass es ein Chaos geworden wäre, wenn jeder irgendwo etwas platziert hätte. Viel Licht fiel durch die kleinen Fenster nicht in die Zimmer. Mutter versuchte es so schön wie möglich für uns zu machen. Die besten Ideen hatte sie, wenn sie ihre kleinen weißen Pillen geschluckt hatte. Sie sagte immer, das wäre eine verzauberte Wohnung, weil sie sich ständig etwas Neues einfallen ließ, um eine Veränderung zu schaffen. So kamen wir eines Tages nach Hause und mein Bruder hatte ein Hochbett, darunter einen Schreibtisch. Wir Schwestern bekamen nach der Wende jede ein eigenes Zimmer, da war ich elf Jahre alt, Helga war 14.

Eines Tages tauchte bei uns „die Verrückte" auf. Das war eine junge Frau, die Schauspiel studiert hatte, Susanna. Mit ihrer unkomplizierten fröhlichen Art tat sie unserer ständig überarbeiteten Mutter gut. Es kam früher vor, das Mama tagelang geweint hat, von früh bis abends. Das Abendbrot konnten wir an solchen Tagen vergessen. Das Hochbett kam ins Wohnzimmer, der Raum wurde durch einen Kleiderschrank geteilt. Susanna zog in eins der Kinderzimmer ein und wurde Familienmitglied. „Wir müssen mal raus hier", meinte Susanna "lass uns doch in den Stadtteil-Jugendclub gehen". Die beiden Frauen machten sich hübsch zum Ausgehen und wir durften mit. Susanna mit ihrer Größe von über 1,80 m und langen braunen Haaren sowie einer schlanken Figur konnte man nicht übersehen. Zu unserer Freude wurde Brause und Cola bestellt. Als ein Besoffener uns anmachte, vertrieb sie ihn. Ihre dunkle Stimme war nicht zu überhören: „ Pass mal auf, jetzt machste dich dünn und dann biste janz schnell weg." Das funktionierte und wir hatten unsere Ruhe. Im Kiez sprach sich diese Geschichte schnell rum, alle hatten Respekt vor der gewaltigen Frau. Natürlich wurde gemunkelt, dass die beiden Weiber vielleicht lesbisch wären. Aber da war nichts dran. Ich jedenfalls habe die beiden nie vertraulich gesehen. Oft waren sie in einer erstaunlichen Hochstimmung. Susanna kannte einen Arzt, der ihr alle Medikamente verschrieb, die sie haben wollte. Die Dosis der Glücklichmacher wurde nach und nach erhöht.

Irgendwann war die Schönheit einfach weg. Sie nahm ein paar Sachen mit, die ihr nicht gehörten. Wir sahen sie nie wieder. Fortan beschlich meine Mutter eine unsägliche Traurigkeit. An manchen Tagen fand sie gar nicht aus dem Bett. Der gute alte Stephan war es dann, der sie zum Arzt schleppte, anschließend in die Nervenklinik brachte. Erklärt hat uns keiner, was da mit unserer Erziehungsberechtigten los war. Wir besuchten sie im Krankenhaus. Sie war seltsam teilnahmslos und verstört. Als sie wieder zu Hause war, der Alltag einkehrte, erklärte sie uns, dass sie nun täglich Gute-Laune-Tabletten einnehmen müsste, um nicht in diese unendliche Melancholie zu fallen, die sie Depression nannte.

Es war nach der Trennung von Stephan, als Mutter so hart und abweisend wurde. Viel körperliche Nähe haben wir nicht von ihr zu spüren bekommen. Abends kletterte sie die Leiter zum Hochbett hoch, dann gab es ein Gutenacht-Küsschen, das wars. Uns hat das Streicheln über den Kopf und das Kuscheln gefehlt. Wie sehr habe ich mir gewünscht, dass meine Mama mir afrikanische Zöpfe flechten würde. Für so etwas gab es keine Zeit und vor allem keine Muße. Mutter musste schließlich alles allein stemmen. Die viele Arbeit und die Sorgen machten sie fahrig und nervös. Es konnte vorkommen, dass ihr die Hand ausrutschte. Mein Bruder hatte hin und wieder blaue Flecken. Nach ihrem ersten Klinikaufenthalt änderte sich das. Überhaupt schien sich ihr Seelenzustand mit den Medikamenten einzupegeln.

Heute ist alles in Ordnung mit unserem Verhältnis. Meine Kinder lass ich trotzdem nicht gern länger bei ihr. Sie kann ja hierher kommen, wenn sie uns sehen will.

Vielleicht ist es mir wegen all der Erlebnisse in meiner Kindheit so schwer gefallen, Mutter zu sein. Bei meinem ersten Sohn Peter habe ich fast zwei Jahre gebraucht, um mich an meine Mutterrolle zu gewöhnen. Ein Wunschkind war es nicht aber ich hatte mich darauf gefreut. Wegmachen kam für mich sowieso nicht in Frage. Das mit der ersten Schwangerschaft war genauso ein Zufall wie bei meinem zweiten Kind Dani. Eigentlich war es ein Zufall. Der Kerl wollte ich bloß bei mir ausheulen, dann kam es zum Äußersten. Zu den Erzeugern meiner Söhne hatten und haben wir nie Kontakt. Ich habe schon oft darüber nachgedacht, ob ich hier ein Muster wiederhole. Bei meinem zweiten Sohn habe ich mir schon vor der Geburt vorgenommen, eine gute Mutter zu sein. Die Kinder sollten nicht so leben, wie ich es musste. Ich kann sagen, dass mir das gelungen ist. Bei uns ist es gemütlich, friedlich und ausgewogen. Deswegen wimmelt es bei uns immer von Kindern aus unserem Dorf, auch sie fühlen sich bei uns wohl. Oft habe ich beobachtet, dass deren Eltern sich nicht viel Zeit für ihre Schützlinge nehmen. Bei mir sind sie gut aufgehoben und das macht mich froh.

Jetzt haben die Kinder in Frank einen sozialen Vater. Er wohnt bei uns im Dorf und ist körperlich behindert, außerdem zeugungsunfähig. Trotzdem leben wir wie in einer Familie. Er kümmert sich vorbildlich um die Jungen. Ich bekomme hin und wieder ein paar Kuscheleinheiten von ihm. Er ist 20 Jahre älter als ich und strahlt viel Ruhe aus, so dass ich mich endlich an jemanden anlehnen kann.

Christian – 34

Meiner Mutter ging es von Tag zu Tag schlechter. Da sie nicht mit uns redete, konnten wir nicht einmal ahnen, was mit ihr los war. Erst nach dem schrecklichen Unfall ist uns bewusst geworden, dass sie schon wochenlang unter Depressionen litt. **Meine Mutter** und ein Selbstmordversuch, an dem auch noch andere beteiligt sein sollten? Niemand hätte sich das vorstellen können.

Meine Mutter war wie so viele Male schon nachts weggelaufen. Mein besorgter Vater fand sie in der Nähe vom Zoo unter einer Straßenbahn. Ihm gelang es, sie unter dem Fahrzeug herauszuziehen, so dass sie überlebte. Sie wurde sofort operiert – noch heute hat sie eine Narbe im Gesicht.

Ich habe am nächsten Tag die Schule geschwänzt und bin an die Stelle gegangen, wo das Unheil passiert ist. Auf dem Boden waren noch Blutspuren zu sehen. Damals war es das erste Mal, dass ich etwas voraussehen konnte. Ich sah **meine Mutter** schon vor dem Unfall blutverschmiert unter der Straßenbahn liegen. Das hat mich sehr beunruhigt. Reden konnte ich mit niemanden darüber, man hätte mich ja für verrückt erklärt.

Eine tägliche Existenzangst muss **meine Mutter** in die Depression getrieben haben. Es gab oft Streit zwischen meinen Eltern, meistens ging es ums Geld. Nach und nach zog sich **meine Mutter** immer mehr zurück von uns. Der Prozess war so schleichend, dass wir es gar nicht richtig mitbekamen. Automatisch übernahmen wir die unerfüllten Aufgaben im Haushalt. Ich stellte zu dieser Zeit fest, dass **meine Mutter** gar keine eigene Meinung mehr hatte, sie begehrte nicht mehr auf, beteiligte sich aber auch nicht mehr am täglichen Leben unserer Familie. Griff mein Vater mich verbal an, verteidigte sie mich früher immer. Jetzt registrierte sie es gar nicht mehr, wenn es zwischen uns zu Wortgefechten kam. Sie lebte in ihrer eigenen Welt. Am schlimmsten war für mich, dass **meine Mutter** für mich unerreichbar wurde. Wir hatten eine sehr starke Bindung, das mag vielleicht daher rühren, dass ich schon in jungen Jahren psychisch krank wurde und eine besondere Aufmerksamkeit brauchte. Ich bekam nicht nur meine Streicheleinheiten von ihr, sondern ich konnte mit ihr wirklich über alles reden. Wem sonst sollte ich die eigenartigen Wahrnehmungen in meinem Kopf erzählen? In der Schule wurde ich ausgelacht, wenn ich von den Stimmen sprach, die meinen Kopf beherrschten. Einige Freundschaften sind deshalb flöten gegangen.

Melanie ist meine geistig behinderte kleine Schwester, die im Rollstuhl sitzt. Auf die Zuwendung, die sie erfuhr, weil sie allein gar nicht zurechtkommen konnte, war ich früher immer neidisch gewesen. Nun musste ich die Erwachsenenaufgaben übernehmen. Ich habe auf sie aufgepasst und mich um sie gekümmert, da **meine Mutter** ja nun nicht mehr in der Lage dazu gewesen ist. Und dann war die Erziehungsberechtigte einige Wochen in der Nervenklinik. Ja, und wenn ich jetzt so darüber nachdenke, stelle ich fest, dass uns dieser Umstand sehr zusammengeschweißt hat. Es ist eine schöne Geschwisterliebe entstanden. Ich bin geradezu stolz darauf, dass ich es war, der Melanie die Welt beigebracht hat. Heute kann man sich gut mit ihr unterhalten. Ich freue mich immer sehr auf sie, wenn ich mal wieder bei den Eltern einkehre.

Mein älterer Bruder ist schon vor langer Zeit ausgezogen. Früher haben wir viel miteinander gestritten, das hat sich aber im Laufe der Zeit geändert. Er war immer sehr mit sich selbst beschäftigt und hat gar nicht so richtig mitbekommen, was bei uns los gewesen ist.

Der Zusammenhalt in unserer Familie ist seit dem Ausbruch der Krankheit **meiner Mutter** wesentlich besser geworden. Alle Verwandten kümmern sich umeinander und stehen sich gegenseitig bei. Ich habe noch einen bipolaren Onkel, mit dem ist es auch nicht immer einfach, da passieren mitunter peinliche Dinge. Bei uns ist es inzwischen „normal", anders zu sein.

Meine Mutter nimmt schon längere Zeit Medikamente gegen ihre psychischen Beschwerden. Eigentlich ist sie ganz die Alte geworden. Sie hat durch die Krankheit einige neue Bekannte kennengelernt, mit denen sie sich oft trifft. Außerdem ist sie wie ich Mitglied einer Selbsthilfegruppe.

Ich habe es gelernt, mit meiner Psychose zu leben. Sie ist die Grundlage meiner Vergangenheit. Es hat alles einen Sinn und den hinterfrage ich.

Anna – 54

„Eigentlich war alles gut, so wie es gewesen ist, sonst wäre nicht das aus mir geworden, was ich heute bin!"

Es kann sich keiner vorstellen, wie stolz ich war und welches Glück ich empfunden habe, als mein Bruder mir diese Worte sagte. Er lebt heute in Schweden mit seinem Mann, hat ein gutes Auskommen und ein Haus, das immer voller Verwandtschaft ist. Vor längerer Zeit wollten die beiden Männer ein Kind adoptieren aber dann ist ihnen klar geworden, dass sie ja ständig von den Jungen und Mädchen ihrer Verwandten besucht, von diesen Kindern geliebt und geschätzt werden. Jetzt gehören sogar Enkelkinder dazu. Das Paar ist zu dem Schluss gekommen, dass so ihr Kinderwunsch befriedigt ist. All die fröhlichen Nachkommen aus ihren Familien sind ihnen willkommen. Die Beiden freuen sich jedes Mal, wenn sich Besuch ankündigt.

Ich war erst sechs Jahre alt, als mein Bruder Holger geboren wurde. Zunächst war es für mich selbstverständlich, dass ich mich um den Kleinen kümmerte, wenn meine Mutter immer wieder mit Kopfschmerzen das Bett hütete. Den Zeitpunkt, wo das alles zu viel für mich geworden war, habe ich gar nicht so richtig gemerkt. So war eben unser Alltag. Mama schluckte viele, viele Gelonida (Schmerztabletten), später kam noch der Alkohol dazu. Lange habe ich nicht mitbekommen, dass in den Flaschen mit ganz normalen Etiketten, aus denen wir niemals trinken sollten, Schnaps war. Kam ich aus der Schule, wurde ich gleich mit den Worten empfangen: „Die Wäsche und der Abwasch müssen gemacht werden! Sieh zu, dass du das fertig kriegst". Ein Lob hörte ich nie aus ihrem Munde. Meine

Mutter stand zu dieser Zeit aus dem Bett auf und brauchte ihre Ration an Medikamenten. Eigentlich hatte sie Krankengymnastin gelernt. Nach einem Aufenthalt in der Nervenklinik und einer Operation war von Berufstätigkeit nicht mehr die Rede. Schon mit 40 Jahren bekam Mutter eine Berufsunfähigkeitsrente. Was da wirklich im Krankenhaus gewesen ist, haben wir nie erfahren.

Meine Vater und meine Mutter hatten aus Liebe geheiratet. Durch die Geburt von zwei Kindern in den ersten zwei Ehe-Jahren fühlte sich Mutti vollkommen überfordert. Deshalb wuchs ich bis zum sechsten Lebensjahr bei meinen Großeltern mütterlicherseits in Wismar auf. Zwei wirklich liebe, alte Leute, die sich die größte Mühe gaben. Aber Mutter ist eben Mutter. Wie habe ich meine Schwester beneidet, die bei ihr leben durfte. Sie war ihr Liebling. Hausarbeiten wurden von ihr fern gehalten. Eigenartigerweise hat Helga nicht wie ich Verantwortung gespürt und übernommen für das, was in unserer Familie passierte. Ihr Verhalten mir gegenüber war geradezu prinzessinnenhaft. Oft machte sie sich lustig über mich, das tat mir sehr weh, aber ich war nicht in der Lage, mich zu wehren.

Meine geliebten Großeltern kamen jedes zweites Wochenende zu uns nach Lütten-Klein und sorgten für Ordnung in der Wohnung. Außerdem fuhr ich mit meinem Bruder in den Ferien zu ihnen. Sie kümmerten sich um meine schulischen Belange. Dafür war jeden Tag eine bestimmte Zeit eingeplant.

Über mich habe ich nie geredet. „Was geht es andere Leute an, wie es dir geht", war der Spruch meiner Oma. Daran hielt ich mich und beklagte mich nie.

Ich hatte sonst keine Zeit zum Lernen, war überfordert von den täglichen nicht enden wollenden Verpflichtungen. Die Schularbeiten erledigte ich oft noch abends im Bett, im Halbdunkel mit der Taschenlampe. Trotzdem bin ich in der Schule gut mitgekommen und konnte dann später meinen Bruder beim Lernen unterstützen. Er war erst zehn, als Mutter uns verließ. Für mich war es nicht nur eine Verpflichtung, sondern selbstverständlich, ihn groß zu machen. Kurz vor der Wende ist er über Ungarn abgehauen, er hat sich hervorragend entwickelt, macht jetzt einen tollen Job. Außerdem ist er ein bewundernswerter Koch. Das Kochen brachte ich ihm in unserer Kindheit bei. Eine Art Helfersyndrom haben wir beide, sicherlich daher, weil wir sehr früh soziale Verantwortung übernehmen mussten.

Natürlich wurde meine Gutmütigkeit in meinem Umfeld ausgenutzt. Da musste ich schon hin und wieder die Klagemauer oder der Mülleimer sein. Um NEIN sagen zu können, ging ich einen langen Weg. Es ist ja ein gutes Gefühl, wenn man von anderen geachtet, gebraucht wird, sie mit mir über private, vertrauliche Dinge reden wollen. Heute kann ich ganz gut einschätzen, wann es Sinn macht, jemanden zur Seite zu stehen oder wann es besser ist, sich geschickt zurückzuziehen. Das habe ich in verschiedenen Therapien gelernt. Irgendwann kam ich nicht mehr mit mir und den Ansprüchen von anderen an mich zurecht. Das war der Zeitpunkt, wo ich psychiatrische Hilfe in Anspruch nahm.

Jemanden betuteln zu müssen, schon eine übertriebene Fürsorge, hat sich bei mir extrem ausgeprägt. Immer will ich jemanden etwas abnehmen, hilfsbereit sein. Als meine Tochter zu mir sagte: „Mutti, du musst mir nicht mehr den Arsch abwischen"! wurde mir klar, dass es manchmal des Guten zu viel war. Plötzlich stellte ich fest, dass ich nach all den Jahren der Verantwortung für andere zu wenig oder gar nichts für mich selbst getan habe. Das ist mir früher gar nicht aufgefallen. Ich bin dann einfach so mal nach Marokko gefahren. Seitdem kann ich ganz bewusst Zeiten des Genießens für mich einplanen. Achtsamkeit mir selbst gegenüber, so wie ich es in der Tagesstätte für psychisch Kranke gelernt habe.

Immer wieder bekam ich von Oma und Opa zu hören: „Mama kann nichts dafür, sie ist krank. Du musst Rücksicht nehmen und sie unterstützen". Es war oft viel zu viel für mich, da ich nicht klagte, merkte es keiner.

Nie sprach ich über die Angewohnheit ihrer Tochter, alle Krankheiten, die in der Nachbarschaft auftauchten, sofort auch bei sich selbst festzustellen. Sei es Fußpilz, Angina, eine Flechte oder seien es Läuse. Sofort rannte sie in die Apotheke, um Medikamente zu holen, die sie in großer Angst uns Kindern einflößte. Um meinen Bruder zu schützen, habe ich dann später immer gesagt: „Lass mal mich das machen". Die Tabletten habe ich verschwinden lassen.

Die Eltern väterlicherseits wohnten in Altenburg. Dorthin fuhren wir jährlich für zwei Wochen in den großen Ferien. Nach Rostock kamen sie nur ganz selten. Sie waren froh, dass sie als Aussiedler eine neue Heimat gefunden hatten und verließen diese nur sehr selten.

Mein Vater war als Diplom-Sportlehrer viel unterwegs, konnte gar nicht registrieren, was sich abspielte, wenn er in anderen Städten arbeitete. Um Streit zu vermeiden, hat er vieles ignoriert oder gar verdrängt. Wenn Papa zu Hause gewesen ist, kochte er ein tolles Essen und wir freuten uns, dass wir beieinander waren. Erst viel später, als es schon zu spät gewesen ist, redeten wir miteinander. Die Erwachsenen zogen ihre Konsequenzen – Scheidung.

Wenn es die Zeit irgendwie zuließ, zog ich mit meinem kleinen Bruder im Kinderwagen zu Schulkameraden. Conny hieß meine Freundin. Zu ihr habe ich noch heute Kontakt. Wir kennen uns so unwahrscheinlich gut und können uns dadurch in allen Dingen des Lebens Beistand leisten. Oft spürt schon die eine, wenn bei der anderen etwas nicht in Ordnung ist. Diese Freundschaft ist ein ganz großes Geschenk für mich, na gut, etwas tun muss man natürlich auch dafür. Wir sehen uns ziemlich regelmäßig und es ist so, dass wir uns im positiven Sinne brauchen.

Connys Vater fuhr damals zur See. Meist war die Mutter allein mit den drei Kindern, die genauso alt waren wie wir. Sauwohl habe ich mich gefühlt, weil dort alles so sauber und ordentlich war. Ich wagte es nicht, Mitschüler oder Freunde zu uns einzuladen, wegen der Unordnung und des Drecks habe ich mich geschämt. Nur an meinem Geburtstag feierten wir in unserer Wohnung mit anderen Kindern. Dann musste ich aber Wochen vorher anfangen, die Bude zu schrubben. Sonst wäre das peinlich geworden. Meine Erziehungsberechtigte hat sich an diesem Tag erstaunlicherweise zusammengerissen.

Oft erklärte ich anderen, dass ich mir vorkäme wie Aschenputtel. Vor allem dann, wenn mich jemand wegen meiner Umsichtigkeit und Selbständigkeit lobte. Mit freundlichem Entgegenkommen konnte ich nicht umgehen. Mein Selbstbewusstsein war nicht gut entwickelt, weil meine Schwester immer vorgezogen und mir als Vorbild hingestellt wurde. Jetzt, wo ich in Therapiestunden einiges aufgearbeitet habe, nähern wir einander wieder. Lange gab es ein Desinteresse.

In der 10.Klasse stellte ich resigniert fest: "Die Alte braucht dich doch nur als Putze und als Kindermädchen."! Ein Mutter-Kind-Verhältnis gab es nie zwischen uns. Oft fühlte ich mich von der ganzen Verantwortung erschlagen. Am schlimmsten war für mich, dass sie durch den enormen Tabletten- und steigenden Alkoholkonsum gar nicht mehr zu erreichen war. Und dann diese für mich nicht übersehbaren Lügen.

Als ihre Nachbarin ihren Partner verlor, verabschiedeten sich die Frauen abends aus fadenscheinigen Gründen und zogen um die Häuser. Es ging von einer Kneipe zur anderen, Männer waren auch im Spiel. Oft kam Mutter nachts nicht nach Hause. Das war dann der Punkt, an dem ich mit meinem Vater redete. Betrunken fanden wir sie in einer Gastwirtschaft. Endlich gingen meinem Erzeuger die Augen auf, was in seiner Abwesenheit passierte. Es war einfach nicht mehr zu übersehen. Folge war die einvernehmliche Scheidung, ich erwähnte es bereits. Auf uns Kinder legte meine Mutter keinen Wert. Allerdings mussten wir noch eine geraume Zeit mit ihr in der Wohnung leben. Ihr war ein Zimmer sowie die Bad- und Küchenbenutzung zugesprochen worden. Das war eine sehr unangenehme Zeit. Wir Kinder und auch Vater hatten keinen Respekt vor ihr. Nach einer heftigen Auseinandersetzung wurden wir sie durch das Einschreiten des Jugendamtes los. Bis heute nehme ich keine Medikamente und Ehrlichkeit war eine der wichtigsten Eigenschaften, die ich meinen Kindern vermitteln wollte.

Dörte – 43

Ich war in unserer Familie das mittlere Kind. Eine Schwester war ein Jahr jünger und eine zehn Jahre älter. Wir haben alle einen anderen Vater. Bei ihrer ersten Entbindung war meine Mutter verheiratet bei den darauffolgenden nicht. Mein Erzeuger hat zwar mit meiner Mutter zusammen die Geburt durchgestanden, danach hat sie ihn jedoch nie wieder gesehen. Als ich dreißig geworden bin habe ich Kontakt zu ihm aufgenommen, weil ich meine Wurzeln kennen lernen wollte. Ich hätte das schon eher gemacht, aber seine Frau wollte das nicht. Als sie dann gestorben war, sind wir auf einander zugegangen. Es hat sich gelohnt. Zuerst gab es viel Unsicherheit und Angst, wusste doch keiner viel vom anderen. Wir haben sofort gemerkt, dass es mit uns beiden klappt. Der Kontakt wurde geradezu innig zwischen uns. Oft besucht er seine Enkelkinder und erfreut sich an ihnen. Mein Vater ist ein sehr hilfsbereiter Mensch. Wir wohnen nun ja dörflich-bäuerlich, da gibt's immer viel zu tun. Vater legte mit Hand an, machte sich nützlich. Er fragte nicht lange, sondern sah immer sofort, was zu tun ist. Vor einem Jahr hat er sich allerdings wieder verliebt und ist zu seiner Freundin nach Lübeck gezogen. Nun sehen wir ihn leider nicht mehr so oft. Als er noch in Rostock wohnte, konnte man sich schnell mal verabreden.

Ich vermute, dass meine Mutter sich nach zwei Scheidungen ganz bewusst dazu entschieden hatte, allein zu leben. Sie ließ sich nicht gern von jemandem kommandieren. Wir Kinder hatten den Vorteil, dass nur einer da war, der bzw. die das Sagen hatte. Als wir klein waren, haben wir Geschwister viel miteinander gestritten, was wohl unter anderem an dem großen Altersunterschied lag. Wenn meine Mutter mit uns meckerte, kriegten alle das Gleiche ab, egal wer angeblich angefangen hatte. Meine kleine Schwester Gabriele war von einem verheirateten Mann, der ein Dorf weiter gewohnt hat. Gabi wollte sehr gern ihren Vater besuchen aber das erlaubte dessen Frau nicht. Sie hatten zusammen eine Tochter, die schon etwas älter war. Ich erinnere mich daran, dass meine Schwester traurig war und geweint hat, wenn sie mal wieder eine Absage gekriegt hatte. Sie kam sich so ungeliebt vor.

Hin und wieder hatte meine Mutter Kontakt zu anderen Männern, da hielt sie uns aber raus. Sie brachte niemanden mit nach Hause. Wenn sie sich mit einem männlichen Wesen traf, kriegten wir das gar nicht mit. So konnte es nicht zu Problemen kommen. Wir beneideten die anderen Kinder nicht, deren Väter zu Hause vor dem Fernseher saßen und die Kinder anbrüllten, dass sie endlich ruhig sein sollten. Wir konnten uns frei bewegen. Wenn sturmfreie Bude war, haben wir mit Freunden ein Fest gefeiert. Hinterher haben wir so gründlich aufgeräumt und saubergemacht, dass keiner was gemerkt hat. Zu uns kamen die anderen Jungen und Mädchen gern, weil es bei uns harmonisch zuging.

Einen Beruf konnte meine Mutter nicht erlernen, weil es meine Großeltern so wollten. Sie sollte Geld verdienen und das möglichst schnell. Widerspruch nutzte da nichts. Ins nahe liegende Betonwerk wurde Ilse geschickt, später in die Ziegelei. Es war eine harte Arbeit für eine junges Mädchen, die sie da verrichten musste. Erst goss sie Schwellen für Eisenbahnen, dann stellte sie Ziegel her. Ohne Drei-Schicht-System ging nichts. Auch als wir Kinder dann da waren, musste sie zu unmöglichen Zeiten arbeiten. Uns hat das nicht viel ausgemacht. Wir standen allein auf, das Frühstück hatte uns Mutter hingestellt. So lernten wir sehr zeitig selbständig zu sein und Verantwortung zu tragen. Später in der Schule gab es keine Beanstandungen, bei uns lief alles wie am Schnürchen. Als dann unsere Dritte kam, wurde sie von uns Großen eingehütet, darauf konnte Mutti sich verlassen.

Kamen wir von der Schule nach Hause, lag ein Zettel bereit, auf dem stand, was wir zu erledigen hatten. Streit gab es deshalb nie. Jede machte ihre Dienste und dann ging es an die Hausaufgaben. Schnell und korrekt brachten wir das hinter uns, um anschließend im Dorf spielen zu können. Meine Mutter hat kaum einen Blick in unsere Hefte geworfen. Für uns war es selbstverständlich, dass wir uns die große Mühe gaben. Abends wurde grundsätzlich bei uns warm gegessen, irgendetwas, was schnell ging wie ein

Süppchen, Rühreier oder auch mal Grießbrei. Als Überraschung brachte Mutter gelegentlich einen Broiler mit. Mittags hatten wir ja in der Schule gegessen. Sonntags Vormittag machten wir es uns so richtig gemütlich, dann gab es meistens „Arme Ritter", auf die wir uns schon die ganze Woche freuten. Anschließen lungerten wir in den Betten rum oder machten bei schönem Wetter einen Ausflug.

Einmal im Jahr bekamen wir ein Westpaket mit Klamotten. Wir brachen glatt in Freudengeschrei aus, wenn der Postbote das begehrte Stück brachte. Neugierig machten wir es auf und versuchten so schnell wie möglich herauszufinden, was wem passen könnte. Einmal war ein weißer Jeans-Anzug dabei. Leider konnte ihn keine von uns anziehen, weil er so klein war, das hat uns todtraurig gemacht. Wir waren sehr stolz auf unsere West-Klamotten. Hatten wir doch sonst nicht viel Geld zur Verfügung, um Kleidung zu kaufen.

Als meine Schwester Gabriele später beim Rat des Kreises arbeitete, musste sie diese Westverwandtschaft verleugnen. Ihre Briefkontakte liefen dann über uns. Wenn ihr Betrieb das rausgekriegt hätte, wäre sie geflogen. Das wäre ganz schlimm für sie gewesen, weil sie dort eine überdurchschnittlich bezahlte Arbeit in einem guten Kollektiv hatte. Wir haben immer in der Landwirtschaft gearbeitet, dort interessierte niemand die Kontakte ins kapitalistische Ausland.

Das mit den Pionieren war für uns selbstverständlich, alle wollten da rein. Bei uns in der Klasse gab es nur Einen, dem seine Eltern verboten hatten, Mitglied zu werden. Deshalb nahm er auch nicht an der Jugendweihe teil. Später durfte er nicht studieren, obwohl er Klassenbester war. Besonders bei den Thälmann-Pionieren hat es mir gut gefallen. Mir sind die Pionier-Nachmittage gut in Erinnerung. Wir haben gebastelt, gesungen und Ausflüge gemacht. Ich war sehr wissbegierig und hatte viele Fragen, die mir zu Hause keiner beantworten konnte. Hier wurde mir alles ganz genau erklärt.

Besonders liebte ich die DDR-Feste wie der 1.Mai oder der 7.Oktober. Die Organisatoren hatten sich viele Spiele und Beschäftigungen ausgedacht, bei denen meistens etwas zu gewinnen war. Unter lustigen Luftballons bunten Lampions waren wir sehr fröhlich. An den Vorbereitungen waren wir beteiligt. Wir stellten vielfarbigen Tischschmuck her, fertigten im Werkunterricht Girlanden.

Am allerschönsten aber waren die Feiern zum Kindertag. Dazu fuhren wir in ein nicht weit entferntes Kinderferienlager des Betriebes meiner Mutter. Jeder bekam ein Geschenk, es wurden Kreisspiele veranstaltet, es gab Filmvorführungen und Wettspiele. Am gleichen Ort verbrachten wir jährlich einen Teil unserer großen Ferien. Zwei Wochen mit Essen, Übernachtung und allem Drum und Dran kosteten nur 14,00 Mark der DDR. Wir fanden das toll mit all den Kindern. Meine Mutter hatte endlich mal etwas Zeit für sich. Trotzdem war sie überglücklich, wenn sie uns nach den vierzehn Tagen wieder in die Arme schließen konnte. Das Jahr darauf fuhren wir wieder hin. Im Vorfeld freuten wir uns, die anderen Teilnehmer wiederzusehen.

Eine politische Einstellung hatte meine Mutter nicht. Sie hat gearbeitet und Geld verdient. Da blieb keine Zeit, sich Gedanken über die sozialistische Erziehung in Schule und Hort zu machen. Sie war froh, dass wir unter Aufsicht waren, etwas Vernünftige taten und etwas dabei lernten. Schwierigkeiten haben wir ihr nie gemacht. Wir brachten gute Noten mit nach Hause und waren nicht verhaltensauffällig. Ich glaube, sie war stolz auf uns und darauf, dass sie auch ohne Mann drei fähige und vernünftige Kinder groß machte.

Wieviel Kraft sie das gekostet hat, ließ sie uns nie spüren. Eines Tages fiel sie in der Küche um und wurde ins Krankenhaus gebracht. Mehrere Wochen waren wir bei Verwandten untergebracht. Als sie wieder kam, war sie nicht mehr so quicklebendig wie sonst, irgendwie verhalten. Daran hatten wir uns bald gewöhnt, auch an die Tablette die sie nun jeden Morgen nahm. Weiter hat sie nicht darüber gesprochen.

Es kam dann die Zeit für mich, an einen Beruf zu denken. Da wir auf dem Lande lebten, gab es gar nicht so viele Möglichkeiten für mich. Nach der Polytechnischen Oberschule lernte ich „Zootechniker Rind". Eigentlich wollte ich Heimerzieherin oder

Kindergärtnerin werden, es ließ sich allerdings keine Möglichkeit finden. Die Arbeit als Melkerin und als Kälberpflegerin in der LPG nach bestandener Facharbeiterprüfung hat mir Spaß gemacht. Wir waren viele Leute in unserem Kollektiv und kamen alle gut miteinander aus. Das frühe Aufstehen störte mich nicht. Wir mussten schon um 5.00 Uhr im Stall sein. Dafür hatte ich nachmittags eher frei und konnte meiner Lieblingsbeschäftigung nachgehen. Häufig fuhr ich in die Kreisstadt, weil es dort eine Bibliothek gab. Die Bücher habe ich geradezu verschlungen. Vielleicht war das ausschlaggebend, dass ich später Agrarwirtschaft studiert habe. Mein Wissensdurst war unglaublich. Dabei war mein unehelicher Sohn schon drei Jahre alt, als ich das Fernstudium begann. Das Kind habe ich schon mit 17 von meinem ersten Freund bekommen. Es hatte uns niemand aufgeklärt, dann ist es eben einfach passiert. Da gab es kein großes Geschrei oder Jammern. Meine Mutter unterstützte mich in jeder Richtung. Das tat sie erst recht, als ich mich nach vier Jahren von dem Kindesvater trennte und nun allein mit allem klar kommen musste. Dafür bin ich ihr heute noch dankbar. Wenn ich mehrere Tage in die Bezirkshauptstadt zum Lehrgang fuhr, konnte ich meine Dani mitnehmen. Es gab dort für studierende Mütter eine Mutter-Kind-Etage. Das war eine ganz tolle Vergünstigung. So bin ich im Studium gut über die Runden gekommen, ohne meine Mutterpflichten zu verletzen.

40

Ich habe dann doch noch den Mann meines Lebens kennengelernt. Unser gemeinsamer Sohn ist heute 19. Dann hatten wir Sehnsucht nach einem dritten Kind, das ist jetzt zwei Jahre alt. Nun beschlossen wir zu heiraten. Wir haben nur unsere liebsten Menschen eingeladen. Es war ein fröhliches Fest. Beim Aufräumen dann in der Küche erzählte mir meine Mutter, wie sie sehr sie unter Depressionen und Panikzuständen gelitten hatte, bevor sie in die Nervenheilanstalt musste. Die Medikamente ließen sie ausgeglichener leben. Hin und wieder jedoch hatte sie das Gefühl, in ein tiefes Loch zu fallen. Das hatte sie uns aus Scham verschwiegen.

Esther – 52

Wenn mein Vater vollgepumpt mit Psychopharmaka mit Herzrasen, handlungsunfähig war und anfing zu zittern, konnte nur ich ihn beruhigen. Immer wieder streichelte ich ganz langsam seine Hände, flüsterte ihm tröstliche Worte ins Ohr. Es dauerte jedes Mal sehr lange, aber irgendwann saß er eingesunken, sich an meine Hand klammernd auf dem Sofa und schlief ganz fest. Ich weiß nicht mehr, wann es begann, dass der Rest der Familie auf mich vertraute, wenn der große, schwere Mann vor sich hinschaukelte und von niemanden mehr erreichbar war. Ich vermute, dass ich so sechs bis sieben Jahre alt gewesen sein muss. Unser in solch einem Fall gerufener Hausarzt versicherte mich jedes Mal dessen, wie froh er darüber wäre, dass ich die Situation herunter fahren konnte. So nahm unser Patient seine vielen unterschiedlichen Tabletten nur ein, wenn „Esther sie gerichtet hatte".

Eine schöne Jugend hatte mein Papa nicht. In den vierziger Jahren musste er während der Kriegszeit noch als Jugendlicher zum Volkssturm. Dieser Umstand verhinderte, dass er eine ordentliche Ausbildung abschließen konnte. Seine strenge Mutter verlangte, dass er malochen, ranklotzen sollte, damit Geld reinkam. Ohne Beruf durfte er auf dem Bau nur Handlangerarbeiten ausrichten. Schamlos wurde er in seiner Gutmütigkeit ausgenutzt. Seinem Selbstwertgefühl war das nicht zuträglich und seiner gesamten Entwicklung schon gar nicht.

Meine Eltern heirateten 1957. Sie wohnten in Koblenz in einer sehr kleinen Wohnung. Ich erinnere mich, dass mein Schlafplatz im elterlichen Zimmer war. Alle 15 Monate gebar meine Mutter einen Sohn. 1964 kam ich dann endlich – ein Mädchen nach drei Buben. Ich war das geplatzte Kondom, jedoch das Familienoberhaupt begrüßte mich und meine Mutter im Krankenhaus mit einem riesigen Blumenstrauß. Wir - mein Vater und ich – hatten von Anfang an ein ganz besonderes Verhältnis.

Er keulte, was das Zeug hielt, arbeitete zusätzlich schwarz. Die Miete musste bezahlt die hungrigen Mäuler gestopft werden. Uns ging es jedoch gut, ich kann mich nicht erinnern, dass ich auf irgendetwas verzichten musste, was andere Kinder hatten.

In den siebziger Jahren zogen wir in eine größere Wohnung, da hockten wir dann nicht mehr so aufeinander. So bekamen wir nicht jedes Mal mit, wenn Papa einen Schub hatte. Vor allem bei Vollmond war er reizbar und aggressiv, schrie und brabbelte vor sich hin. Ihren Höhepunkt erreichten diese Zustände, als sein bester Kumpel jämmerlich an Lungenkrebs starb, obwohl er nie zur Zigarette gegriffen hatte. Das war zu viel für Vater, von diesem Kummer hat er sich nie wieder richtig erholt. Er wurde in ein Sanatorium geschickt, naja, sagen wir eine Nervenheilanstalt, weil seine Befindlichkeit sich zusehends verschlechterte.

Für Außenstehende sah es nur so aus, als wenn er gerade nicht gut drauf ist. Ich aber spürte ganz genau, wie er sich quälte und sich von uns immer mehr entfernte. Das Zusehen verbunden mit Hilflosigkeit tat mir weh. „Wie ist er denn heute wieder eingestellt?" belächelten ihn Bekannte oder schauten gar auf ihn herab. Meistens beachteten sie ihn gar nicht oder sahen weg, wenn sie ihn trafen. Seine Hilfsbereitschaft wurde allerdings von allen gern angenommen. „Karl kannst du mal dieses und Karl kannst du mal jenes machen?" Karl konnte nie NEIN sagen. Wenn er dann als Dankeschön ein Fläschchen Wein oder andere Köstlichkeiten bekam, blühte er regelrecht auf und war stolz. Das Problem mit dem Nicht-nein-sagen-können habe ich wohl von ihm übernommen. Allerdings ist daran meine große Hilfsbereitschaft gekoppelt, die mich beliebt in meinem Umfeld macht. Und darüber freut sich doch jeder. Außerdem registriere ich immer wieder, dass andere mir ihre Unterstützung anbieten, wenn es notwendig ist, ohne dass ich sie ansprechen muss. Wer gibt, bekommt. So einfach ist das.

Manchmal meinte ich zu glauben: „Dieser Mann ist ja gar nicht mehr der Mensch, den du kennst und liebst – er sieht ja nur noch so aus. Da steckt jetzt ein ganz anderer drin." Mir fiel es schwer, nur ein Stück von dem geliebten Papa zu erreichen. Ich wollte so gern das Gefühl haben, dass er weiß, wer ich bin, dass er mein Ihn-aufstöbern-wollen spürte. Sonst vermutete ich, ihn vollkommen zu verlieren. Das hat mir große Angst gemacht. Wenn ich ihn sacht berührte, leise auf ihn einredete, schien er mir entgegen zu kommen, sicher war ich mir da allerdings nie. Nur manchmal hatte er den Beginn eines Lächelns um den Mund, dann wusste ich: Die Verbindung ist wieder hergestellt. Durch die Nebenwirkungen der Psychopharmaka nahm er sein Umfeld kaum noch wahr. So verlor er die Kontakte zu einigen für ihn wichtigen und ihm wohlgesonnenen Menschen.

Einmal waren wir in der Stadt unterwegs – leider nur wir beide – da ist er zusammen gebrochen, fiel einfach um. Ich war schon zehn und wusste, wie ich damit umzugehen hatte. Die erste Hilfe kam sehr schnell. Zu Hause habe ich ihm Kompressen um

Hand- und Fußgelenke gemacht. Diese emotionale und körperliche Zuwendung ließ ihn bald wieder normal werden. So richtig „normal" war mein Vater eigentlich nie. Man hatte den Eindruck, dass er immer irgendwo anders ist. Die Medikamente verursachten so eine Schwerfälligkeit beim Denken. Im Kopf war er ja ganz klar, nur etwas verlangsamt, jedenfalls die meiste Zeit. Weil er aber so ein bisschen „behindert" aussah, wurde ich von meinen Mitschülern gehänselt. Hinzu kam, dass er so wie ich von ungewöhnlich großer Statur war, naja, man kann schon dick und etwas schwerfällig sagen. Wenn man meinen Papa als Idioten hingestellt hat, habe ich habe ich sehr, sehr gelitten. Selbst wenn er beleidigt wurde, prallte das an ihm ab. Wie viel er davon wirklich mit bekam, konnte ich nur ahnen.

In einem der vielen Sanatorien lernte er Kupferbilder herzustellen. Daran hatte er eine besondere Freude. Auf diese Art und Weise verdiente er sich etwas Geld dazu. „Die Familie zu ernähren" war ihm ganz besonders wichtig. Ich habe zwei der künstlerischen Arbeiten gerettet. Sie haben bei mir einen besonderen Platz.

Weil er dann später nicht mehr arbeiten konnte, hat er sich viel mit mir und meinen Geschwistern beschäftigt. Jeden Sonntag ging er mit uns in den Wald, zeigte und erklärte seinen Kindern die Natur. Vater meinte, die Ruhe und das viele Grün wären gut gegen seine inneren Anspannungen. Ich kenne noch heute ganz viele Pilze und weiß genau, welche man essen kann und welche nicht. Von vielen Pflanzen weiß ich die Namen und um ihre Heilkraft. Das Bedürfnis, mich in Wald und Flur zu bewegen, mich daran zu erfreuen, ist mir geblieben. Von den Spaziergängen brachten wir viele Schätze mit, aus denen wir je nach Jahreszeit verschiedene Dinge bastelten. Für mich hat das eine handwerkliche Begabung hinterlassen. Allein waren wir bei unseren Freizeitbeschäftigungen nie. Unser Haus war stets voller Kinder aus der Nachbarschaft, die nicht so einen wundervollen Vater hatten wie wir. Diese gemeinsamen Stunden sind mir angenehm in Erinnerung geblieben. Mir ist es sehr lieb, wenn ich mit anderen in einer großen Runde sitze, wir uns austauschen, beratschlagen oder Erfolge miteinander feiern. In welche Gruppe ich auch immer gerate, es dauert nicht lange und ich bin die „Mutter". Das Vermögen, jemanden zu unterstützen oder helfen zu können, macht mich froh. Eigentlich ist es nur folgerichtig, dass ich den Beruf einer Altenpflegerin gewählt habe. Ich denke schon, dass ich durch die Erfahrung und den Umgang mit meinem kranken Vater gelernt habe: genau das ist deine Berufung. Leider konnte ich diesen Weg zunächst nicht bis zum Ende gehen. Es kamen ein Abort, eine Heirat und mehrere Umzüge dazwischen. Doch dann zog es mich unweigerlich in diese Richtung. Ich erwarb das Zertifikat „Betreuungsassistentin", damit war ich in einer Alten- und Demenzeinrichtung tätig. Oft saß ich als Begleiterin am Bett eines Sterbenden, um mit ihm den letzten Weg gemeinsam zu gehen. Einmal wurde ich aus dem Urlaub geholt. Eine schon sehr betagte Frau hatte gesagt: "Wenn ich mal gehen muss, Esther, dann sollst du mein Engel sein!" Das hatte ich ihr in die Hand versprochen. Sie war nur noch Haut und Knochen als ich bei ihr war. Ich nahm sie in meine Arme, sie lächelte glücklich und schlief ein. Das war ein gutes Gefühl für mich.

Greta – 48

Ich bin so eine, die sich selbst und damit allen anderen immer wieder beweisen muss, was sie alles kann und dass sie etwas wert ist. Es waren wahrlich keine schönen Zeiten in der Kindheit mit meiner Mutter, aber diesen Antrieb hat sie mir eingepflanzt, weil ich nie etwas gut genug getan habe, nie war es ihr recht, was ich vollbrachte.

Nun bin ich 48, neige immer noch dazu, von Muttis Warte zu schauen, aus Gewohnheit. Dann rufe ich mich jedes Mal zur Ordnung: „Du musst deinen eigenen Weg gehen, tu das, wovon du überzeugt bist." Es ist ungeheuer schwer, die Tochter einer Lehrerin zu sein. Für meinen Bruder will ich da nicht mitsprechen. Es war schon eigenartig, dass wir unsere Erziehungsberechtigte in der Schule siezen mussten. Nicht nur dass alle auf Lehrers Kind schielten, das war nicht mal das Schlimmste. Dieser permanente Druck und die überhöhten Anforderungen haben mir in den Kinderjahren das

Leben zur Hölle gemacht. Note 2 war nie gut genug, wieso konnte es keine 1 sein? Der verhasste Spruch „Was sollen denn die Leute dazu sagen?" – ausgesprochen mit dieser anklagenden Stimme – gellt mir heute noch in den Ohren. Als ich mich vor einigen Jahren entschloss, eine Therapie zu machen, war ihre größte Sorge: „Was soll ich denn bloß den anderen sagen?" Wer es wissen wollte oder auch nicht, bekam zu hören: „Grit ist auf Kur!". So sehr hat sie sich geschämt für ihre Tochter mit psychischen Problemen. Ihr wäre nie in den Sinn gekommen, dass meine Krankheit etwas mit ihr zu tun haben könnte. Ich habe ihr Informationsmaterial über meine gegeben, die zutreffenden Stellen angestrichen, und schrieb ihr Briefe über meine Befindlichkeiten. „Ich habe eine andere Ansicht!" – das waren ihre Worte. Mehr sagte sie nicht dazu. Ähnlich war ihre Reaktion, als ich mich scheiden lassen wollte: „Erfülle deine Pflicht, halts Maul und mach die Beine breit!". Später zog ich mit einer Frau zusammen, da war das Gezeter meiner Mutter riesengroß. Ein Gespräch oder eine Auseinandersetzung war unmöglich. Sie hatte ihre Meinung und die war unantastbar. Da rannte man dagegen wie gegen eine Mauer.

Mein Bruder ist 4,5 Jahre älter als ich. Er und Mutter haben viel Ähnlichkeit miteinander, äußerlich und im Wesen. Nach ihm hat meine Mutter ein Kind abgetrieben. Ich weiß nicht, ob sie deshalb ein schlechtes Gewissen hatte. Oft kam es mir so vor, als wäre ich nur der Ersatz für dieses tote Kind, als sollte ich es wieder lebendig machen. Ein sehr eigenartiges

Gefühl, so gar nicht fassbar oder erklärbar. Nach meiner Geburt ließ sich Mutter mit 40 sterilisieren. Mein Bruder Peter ist das komplette Gegenteil von mir. Er hat dunkle Haare wie unsere Mutter. Seine Schul-Leistungen waren sehr mäßig, Strafen oder Anschuldigungen musste er deswegen nicht erwarten. Eben Lieblingskind. Mutter und Sohn haben noch heute ein sehr enges Verhältnis miteinander. Mein Vater ist gestorben und die Frau von Peter hat sich scheiden lassen. Mutter und Sohn sind dem Alkohol verfallen, obwohl das nie thematisiert wird. Innerhalb der Woche geht das mit dem Saufen einigermaßen. Mein Bruder arbeitet im Schichtdienst im Düngemittelwerk. Am Wochen-ende gehen sie meist zu Bekannten, um Karten zu spielen. Wenn meine Mutter dann zu ihrem Sohn sagt: "Hauptsache, du pinkelst nicht wieder ein!" Dann weiß ich schon, was da passiert ist, im nüchternen Zustand tut er das nicht. Den Alkoholkonsum meiner Mutter konnte ich nie einschätzen. Allabendlich sagte mein Vater zu meiner auf dem Sofa schlafenden Mutter: „So, Agnes, du musst nun aber ins Bett, los werde jetzt wach!" Er konnte leicht unangenehm werden. Das kam selten vor. Wahrscheinlich war er des Widerspruchs müde geworden. Er nahm eine Pufferfunktion zwischen Mutter und Kindern ein. Mit unserer Erziehung hatte er wenig zu tun, schließlich war sie ja die Pädagogin. Seine kreative Seite als Architekt habe ich wohl übernommen. Papa studierte Lieder und Gedichte mit mir ein, lenkte meine Aufmerksamkeit auf die schönen Dinge des Lebens. Und bei ihm kamen Streicheln, Umarmen und Schmusen auch nicht zu kurz. Leider wurde er sehr früh lungenkrank. Sein Tod war ein schwerer Schlag für mich. Ich war nicht in der Lage, meine Mutter in den Arm zu nehmen, ihr Trost zu geben. Sie hat sich um ihn gekümmert, als er blutete wie ein Schwein jedoch mit einer Gefühlslosigkeit. Ich kann gar keine Worte finden. Papa spürte auf dem Krankenbett, wenn ich da war und wie sehr ich ihm zugetan gewesen bin. Den ganzen Beerdigungskram musste ich allein erledigen.

Ein nachahmenswertes Leben haben Vater und Mutter mir nicht vorgelebt. Ich habe sie nie in einer Umarmung gesehen oder dass sie einander küssten. Mit 14 habe ich sie nach einer Betriebsfeier mal im Bett erwischt, da war ich ganz schön geschockt. Das Thema Sex gab es bei uns zu Hause nicht, gar nicht. Nun ja, mein Vater wurde zeitig krank, da hat sich das wohl von selbst erledigt. Insgesamt war es in unserer Familie recht lieblos. Kleine Gesten, die Gefühle erahnen ließen, so etwas gab es bei meiner Mutter nicht. Im Gegenteil während meiner Pubertät setzte es schon bei Kleinigkeiten Schläge, zum Beispiel wenn der Mülleimer nicht rausgebracht worden war. Häufig kam ein Gummilatschen zum Einsatz oder gar ein Eisenbügel. Beim Sport waren dann verschiedene Abdrücke auf meinem Körper zu sehen. Da hat sich nie jemand darum geschert.

Mich brauchte man nicht zu strietzen. Ich war eine ehrgeizige Schülerin. Nicht nur, um meiner Mutter zu gefallen oder weil ich Lehrerstochter war. Ich wäre sicher noch besser gewesen, wenn ich nicht unter den überhöhten Anforderungen gelitten hätte. Freiwillig wäre mir vieles noch besser gelungen. Die kulturelle Ebene lag mir besonders, es machte mir Spaß etwas zu erarbeiten und dann auch zu zeigen, was ich kann. Deshalb hatte ich mich bei der Schauspielschule beworben, hatte sogar die Prüfung bestanden. Dann bekam ich Angst vor der eigenen Courage. Weil der Junge zum Studium nicht in der Lage war, wurde ich auserkoren. Abitur war selbstverständlich. Naja, das habe ich dann mit Ach und Krach geschafft. Ich war in wilde Sachen geraten. Freunde vom Evangelischen Kirchentag wollten mich mit nach Ungarn mitnehmen. Das zu einer Zeit, wo dieses Land als Fluchtweg aus der DDR benutzt wurde. Es war die Staatssicherheit dahinter gekommen, ich würde verhaftet und mir wurden Schläge angedroht. Ging alles glimpflich ab.

Als mir von der Armee ein Studium als Funkerin – drei Jahre – angeboten wurde, griff ich sofort zu. Ich dachte an gutes Geld, an eine Wohnung und an einen Kindergartenplatz nach der Schwangerschaft. Begehrte Angebote in unserem sozialistischen Staat, nicht selbstverständlich. Normalerweise gab es eine Warteliste. Sofort unterschrieb ich den Vertrag. Ich kam dann nach Usedom und war das erste Mal im Leben nicht „Frau Krügers Tochter". Ich bekam ausreichend Lob und Sonderurlaub, alles habe ich aus eigener Kraft geschafft.

Mit 28 war ich dann schwanger. Ich erinnere mich gut an die Situation, als ich es meinen Eltern erzählte. Wir saßen am Couchtisch. Meine Mutter tat, als ginge sie das alles nichts an. Mein Papa drückte mich ganz lieb und freute sich mit mir. Das Studium habe ich zum Ärger meiner Mutter geschmissen. Für sie war ich der ewige Versager, weil ich auch andere Sachen angefangen und nicht zu Ende geführt hatte.

Natürlich habe ich dann geheiratet. „Du machst, was ich dir sage", war damit nicht zu Ende. Als ich in unserem Haus ein Secondhand-Kinderladen eröffnete, stand meine Mutter früh vor acht vor meiner Wohnungstür, um mit mir einkaufen zu fahren. Zehn Minuten vor Geschäftseröffnung war sie dann wieder da, um sich in mein Leben einzumischen. Ein Versuch mit ihr zu reden ergab: "Dann komme ich gar nicht mehr!" Ehe und Geschäft gingen in die Brüche.

Ein Mann hat mein Leben jetzt verändert. Nun weiß ich endlich wie schön Liebe und Sex sein kann. Seine liebevolle Verehrung hat mir meine Selbstachtung zurückgegeben. Ich – das hätte mir mal einer vor ein paar Jahren sagen sollen - arbeite jetzt in einem Hotel an einer Rezeption. Die Leute mögen mich, weil ich stets gut gelaunt und entgegenkommend bin. Erst habe ich gedacht: Das hast du auch von ihr, dieses Schauspielern, diese Maske aufsetzen. Aber nein, so ist es gar nicht. Mir geht's einfach gut, wenn ich etwas dafür tun kann, dass auch für die anderen die Welt in Ordnung ist. Ich habe einen unbefristeten Vertrag und habe mich auch schon an einer anderer Stelle beworben – aber psst das darf noch keiner wissen.

Meine Mutter rufe ich selten an, aus Angst, dass das mich runterzieht. Abends sowieso nicht, da kann man sie so schlecht verstehen …

Hendrik – 44

Als Kind gab es einen recht eigentümlichen Phasenwechsel in meinem Leben. In der Schule war ich fröhlich und lernte gern, nur Sport und Russisch lagen mir nicht so. In der Freizeit war ich mit meinen Freunden in der Natur. Mit viel Fantasie und voller Kreativität entwickelten wir Spiele, beobachteten Tiere und Pflanzen, machten uns auf Erkundungen aus. Zu Hause kam dann der regelrechte Abfall. Hier hieß es angepasst zu leben, zu funktionieren. Ich kam mir vor wie abgewürgt, konnte mit keinem darüber reden. Vermutlich ist das die Ursache für meine Krankheit, wie der Seelendoktor es herausfand. Auf der einen Seite ein Rausch, der nicht immer der Realität entsprach und von Größenwahnsinn geprägt sein konnte; dann aber auch der Absturz in tiefe Löcher. Der Fall von hoch oben nach ganz unten ist besonders schwer zu ertragen.

Meine Mutter war Apothekenhelferin und mein Vater Geologe. Gern hätte mir mein Erzeuger seine Liebe zu den Steinen nahegebracht, aber die waren mir einfach wie tot. Ich entschied mich dann später für Biologie. Die Natur hat mich schon als Kind fasziniert.

Lange Jahre haben meine Eltern auf Nachwuchs gewartet. Ihre Sehnsucht nach einem Kind war sehr groß. Als meine Tante mütterlicherseits trotz ihres Babys im Schichtdienst arbeiten musste, vertraute sie ihr sechs Monate altes Kind für über ein Jahr meiner Mutter an. Es entstand eine extrem enge Beziehung. Als das Mädchen dann in seine Familie zurückkehrte, dauerte es nicht lange und meine Erziehungsberechtigte verfiel in Melancholie. Sie schmiss zwar den Haushalt, funktionierte aber mehr als dass sie lebte. Für meinen Vater war seine Frau unerreichbar, wie zugeschlossen. Von ihrer eigenen Schwester wurde die Kranke abgeurteilt. Über psychische Krankheiten wurde zu jener Zeit nicht gesprochen.

Vorübergehend arbeitete Mutter in einem Kinderheim und fand dort ihren lang ersehnten Nachwuchs. Gemeinsam adoptierten meine Eltern die süße Anke, die fortan Annegret wie die Nichte der Mutter hieß. Das Glück schien vollkommen zu sein. Überraschenderweise – meine Schwester war gerade vier Jahre alt – wurde meine Mutter dann doch noch schwanger. Nach den üblichen neun Monaten erblickte ich das Licht der Welt. Damit war Annegrets Schicksal besiegelt. Von nun an war ich der Mutter Lebenssinn. Später empfand ich das als extrem ungerecht, es entsprach nicht meinem Gerechtigkeitssinn.

Meine Mutter ging mit mir bei Wind und Wetter raus, meistens hielten wir uns in unserem wunderschönen Garten auf. Dort machte ich meine ersten Schritte. Jeder Käfer, jeder Grashalm, jede Blüte interessierten mich. Vielleicht waren das die ersten Grundlagen auf meinem späteren Weg zum Biologen. Es war nicht nur das forschende Interesse an der Natur. Vielleicht spürte ich schon damals meine tiefe Verbundenheit zum Kraftquell Natur. Sie sollte in Phasen der Krise lebensnotwendig für mich werden. Gleichzeitig pflanzte Mutter mir ein tiefes Selbstvertrauen ein. Sie lehrte mich, im Augenblick zu leben, zu den eigenen Gefühlen zu stehen, anderen uneingeschränkt zu helfen und die Natur zu lieben. Dafür danke ich meiner Mutter – für andere Dinge definitiv nicht.

Mein Verhältnis zu ihr ist noch heute oft mein Thema. Sie fordert mich mit ihren riesigen Erwartungen, als könnte nur ich sie glücklich machen. Immer war sie um mich besorgt und hatte Angst, mir könnte etwas zustoßen. Ihr Versuch, mir ebensolche starken Gefühle für sie einzuimpfen, war verhängnisvoll. Besonders unangenehm war mir ihre ständiges Dasein in der Schule und bei Klassenfahrten. Ich fühlte mich beobachtet, teilweise gegängelt – vor meinen Kumpels war mir das peinlich.

Als ich in die Schule kam verlor meine Mutter einen großen Teil ihrer Tagesaufgaben. Fortan zog sie sich wie früher schon in sich selbst zurück. Ich konnte sie nicht mehr begreifen. Kam ich aus der Schule nach Hause, lief sie oft noch im Morgenmantel herum, hatte sich gerade mühsam aus dem Bett geschleppt. Es kam vor, dass meine Mutter es gar nicht fertiggebracht hatte, sich zu erheben. Ich konnte das nicht verstehen, es war doch schon um die Mittagszeit. Oft stand ich vor ihrem Bett und flehte sie an, sich doch zu uns zu gesellen. Zu jener Zeit kam meine Schwester in die Pubertät, zwischen Mutter und Adoptivkind entstanden heftigen Konflikte. Tag für Tag gab es Krach, Geschrei, Tränen. Handgreiflichkeiten blieben nicht aus. Die beiden hassten sich bis aufs Messer. Mein Vater war bemitleidenswert hilflos – stand wie ich zwischen Baum und Borke. Die Mutter versuchte, den Vater auf ihre Seite zu ziehen, wenn es Auseinandersetzungen mit dem weiblichen Kind kam. „Du kannst eben nicht streng sein", war ihre ständige Redewendung, weil er sich gutmütig und liebend immer wieder vor die Tochter stellte.

Regelmäßig entlud sich sein Frust in Tobsuchtsanfällen, dann war er für Stunden verschwunden. Er drohte mit Selbstmord. Nirgendswo konnte ich noch Halt finden. Im Gegenteil – in diesen jungen Jahren war ich Vermittler, Tröster, Seelsorger. Vollkommen überfordert. Besonders schlimm wurde es dann, als ich selbst in die Pubertät kam. Wie konnte ich das aushalten? Mir kamen meine Stärken aus der frühen Kindheit zugute, wie zum Beispiel mein geselliges Wesen. In Gegenwart anderer gelang es mir, Probleme auszuschalten. Ich engagierte mich bei der Station „Junger Naturforscher". Wir erkundeten unsere Thüringer Heimat rings um Erfurt. Für mich war das geradezu heilsam. Später kam eine Forschungsgruppe dazu, in der es um das Leben der Frösche ging. Das war der Ursprung meines Spitznamens FROSCH. Auch die kirchliche

Umweltorganisation ARCHE wurde für mich überlebenswichtig. All die interessanten Unternehmungen ließen mich mein schreckliches Zuhause vergessen. Selbst die Schule war das Paradies gegen die Atmosphäre daheim. Bei meinen Schulfreunden war ich akzeptiert und geachtet. Ich half ihnen gern bei den Hausaufgaben, um anschließend mehr Zeit für tolle Abenteuer zu haben. Noch heute habe ich eine enge Verbindung zu einigen von ihnen. Meine schulischen Leistungen wurden immer besser, was meine Eltern zu der Fehlinterpretation brachte, es sei alles in Ordnung.

Ein wichtiges Ereignis meiner Jugend, war mein erster selbst organisierter Urlaub. Wenn ich schon die Freiheit hatte, ohne Eltern wegzufahren, dann sollte es gleich die ganz große Freiheit sein. Ich fuhr zwei Wochen mit Freunden nach Bulgarien. Rückblickend war diese Zeit im Hochgebirge und am Schwarzen Meer sehr wichtig für meine Entwicklung. Ich tankte Selbstbewusstsein und machte die Erfahrung, dass ich mit anderen mir freundlich gesonnenen Menschen darüber reden konnte, was mich bewegte. Mit meinen Eltern war das schon lange unmöglich. Fern der Heimat fand ich ein Stück zu mir. Geradezu wie ein Wunder kam es uns vor, als wir erfuhren, dass Ungarn die Grenzen zu Österreich aufgemacht hatte. Die Wochen des Herbstes 1989 waren eine so intensivste Zeit. Und ich mitten drin. Mit Kerzen in den Händen trugen wir eine schier unendliche Hoffnung im Herzen und im Kopf. Wir stürmten die verhasste Stasi, sicherten Akten, bauten die Grünen auf. Ein großes Glück für mich: Zivildienst statt Dienst an der Waffe.

Mal im Zeitraffer:

Zivildienst im Naturschutz. Biologiestudium in Jena. Meine erste große Liebe Claudia. Sie Studium in Pisa, ich in Wales. So funktionierte die Partnerschaft auf Dauer nicht. Rückkehr zum Studium nach Greifswald, Stress, eine unglückliche Beziehung – ich stürzte ab. Angst, Schlaflosigkeit, Grübeleien dominierten mich. Ich wollte nicht mehr leben. Gott zog seine schützende Hand über mir nicht weg. Flucht nach Schottland, um vom Berg zu stürzen, Rückkehr und erster Psychiatrie-Aufenthalt in Mühlhausen. Hoffnung. In den nächsten zwanzig Jahren folgten sieben weitere Einweisungen. Immer wieder brachen die alten Wunden aus meiner Kindheit auf, die vielen nicht geweinten Tränen und die runtergeschluckte Wut wegen der unglücklichen Familienverhältnisse. Eine spezielle Therapie half mir, die früheren Ereignisse nachzuerleben und mich gleichzeitig davon zu befreien. Ich habe keine Angst mehr – das macht mich froh. Ich habe gelernt, für mich zu sorgen. Gott schickte mir die große Liebe Antje, die Kinder Janek und Leander vervollkommneten das Glück. Doch dann wieder die Angst vor einem neuen Beben, erneut Therapie und dann Hoffnung – ein wackliges Konstrukt. Scheidung.

Ich hatte sehr mit der Diagnose Bipolare Störung zu kämpfen. Zum einen ging es mir damit besser, den Dingen einen Namen geben zu können, jedoch verunsicherten mich die Aussagen der Ärzte, dass ich nun ein eingeschränktes Leben haben würde. Das wollte und will ich nicht. Ich bin auf meiner Gesundungs-Reise. Ich habe einiges aus meinem Rucksack raus geschmissen und einiges ins Handgepäck genommen. Meinen Freundeskreis habe ich sortiert, Menschen, die intolerant gegen über psychisch Kranken sind, haben keinen Platz mehr in meinem Leben. Ich habe mich vom politischen Engagement und meiner Karriereplanung bis ins Europa-Parlament verabschiedet. Meinen Arbeitgeber habe ich um eine weniger verantwortungsvolle Tätigkeit gebeten.

In letzter Zeit habe ich mich mit Ahnenforschung beschäftigt, nicht nur auf dem Papier. Mir ist es gelungen, mich mit meinen Vorfahren auseinanderzusetzen, ihre Seelen aufzuspüren. Ich weiß, dass einige ihrer ungelösten Lebensaufgaben in mir schlummern und auf eine Lösung warten. Ich verstehe endlich, woher ich komme und wo meine Wurzeln sind. Es erscheint mir geradezu selbstverständlich, dass meine Vorfahren wie ich bodenständig und in der Mutter Erde verwurzelt waren.

Und so komme ich zurück auf meine Mutter. Sie war es, die mir die Kraft in das tiefe Vertrauen zur Natur und damit zu Gott mitgegeben hat. Die Zweifel an den Grundpfeilern unseres Lebens haben meinen für mich bestimmten Weg unterbrochen, haben mich in die Irre geführt, das war hart.

Jetzt habe ich meine mir zugedachte Lebensbestimmung gefunden und angenommen. Ich bin auf dem richtigen Weg. „Die Wurzeln würdigen". Ich bin auf dem richtigen Weg, mal meditierend im Heilzentrum, mal pilgernd durch die Mecklenburger Seenplatte, mal verwildert im Müritz-Nationalpark. Oft auch mit meiner zweiten Frau Kati an meiner Seite. Sie bringt ein tiefes Verständnis für seelische Krankheiten mit. Ihre Mutter war depressiv und sie selbst hat Ähnliches durchleben müssen.

Ilona – 53

Schon in sehr jungen Jahren lernte ich es, blitzschnell die Situation einzuordnen, wenn mein Vater in der Nähe war. Hatte er etwas getrunken? In welchem Zustand war er? Entsprechend meiner Feststellung musste ich mich benehmen. Meine ganze Aufmerksamkeit richtete sich darauf, ihn nicht zu erzürnen. Im Gegenteil, ich verrichtete ohne Auftrag Küchenarbeiten in unserer Gaststätte wie zum Beispiel Geschirr spülen, damit er gut auf mich zu sprechen war. Ein Lob dafür gab es nie.

Wenn Papa nüchtern gewesen ist, war er ein recht gutmütiger und humorvoller Mann. Aber eigentlich kannte ich ihn nur besoffen. Es fing meist ganz lustig an, er alberte und scherzte mit uns. An einem bestimmten Punkt, den ich nach und nach immer besser bestimmen konnte, kippte das Ganze. Es war als brächen Gift und Galle aus ihm heraus. Er pöbelte meine Schwester und mich mit Worten, die für Kinderohren nicht geeignet waren, an. Ich würde das schon als verbalen Missbrauch bezeichnen. Er machte sich über uns lustig und beleidigte uns. Häufig kam es vor, dass er nach uns mit Gegenständen warf, gerade das, was ihm in die Hände fiel. Mein kleiner Bruder blieb immer verschont, vielleicht weil er ein Junge gewesen ist. Im hohen Grad der Trunkenheit wurde Vater zum Frauenhasser. Er wetterte über seine Mutter, diese Hure, diese Säuferin. „Wer war her ne Nutt wäst?"

warf er ihr bei einer seiner endlosen Debatten im trunkenen Zustand vor. Irgendjemand hatte ihm zugetragen, dass seine Erziehungsberechtigte ihre drei Kinder nach dem Krieg nur deshalb allein groß ziehen konnte, weil sie sich prostituiert hatte. Ganz schlimme Zungen behaupteten, dass sie auch ihren Sohn – meinen Vater – angeboten hätte. Gesprochen wurde über diese Dinge in unserer Familie niemals. Ich versuchte mir sein Verhalten und seine Ausraster dadurch zu erklären, dass unter Alkoholeinfluss all das wieder in seinen Kopf kommt, was er sonst verdrängt hatte. Besonders krass äußerte er sich, wenn er zu viel getrunken hatte, über Kindesmissbrauch. Oft tat mir meine Mutter leid, weil sie diesem Mann so ausgeliefert gewesen ist.

Ihr schlimmes Leben fing mit der Vertreibung 1945 aus Posen an. Es herrschte überall Typhus, meine Mutter lag nach dem Tod ihrer Mutter im Keller noch Stunden neben ihr. Der Großvater soff, er brannte das Gebräu selbst. Oft wurde die Tochter von Onkel und Vater ausgeschickt, um Alkohol zu besorgen. Gelang ihr das nicht, wurde sie von den beiden Männern mit einem Messer gejagt, noch heute sieht man die Schnittwunde an ihrem Bein. Als das Mädchen neun Jahre alt war, wurde sie vom Onkel vergewaltigt. In die Schule durfte sie nicht gehen, weil es keine deutschen Einrichtungen gab. „Wir sind keine Polacken!" waren die Worte des Vaters. Dann war das Haupt der Familie eines Tages einfach weg. Vier ganze lange Jahre lebte das Mädchen allein mit ihrem großen Bruder. Schließlich landete sie in einem

Kinderheim in Graal-Müritz. Dort machte sie eine Kochausbildung. Bald darauf erhielt sie eine Stelle auf einem Passagierschiff, da war sie gerade mal 17 Jahre alt. Während dieser Zeit lernte sie Manfred kennen, ihren zukünftigen Mann. Wie froh ist sie gewesen, dass ihr endlich jemand Zuwendung schenkte, sie umwarb, für sie da war. Bald bekamen die beiden ihr erstes Kind, ein Mädchen, das war ich.

Als sich dann die Geschichte mit der Ausflugsgaststätte ergab, entschlossen sie sich schnell, die Sache anzupacken. Aus der Dreiraumwohnung, in der die inzwischen drei Kinder bei Anwesenheit des Vaters keinen Mucks sagen durften, zogen sie nun in einen Badeort. Er Kellner mit Berufserfahrung, sie Köchin - das war doch eine ideale Konstellation, um eine Gaststätte zu übernehmen. Der Arbeitstag fing fortan um 5.00 Uhr in der Früh an, vor 22.00 Uhr war nicht ins Bett zu kommen. Der Herr des Hauses genoss täglich seinen Mittagschlaf. Die Frau des Hauses war so von Pflichten verfolgt, dass sie sich die Zeit zum Ausruhen nicht stehlen konnte. Mit einem schlechten Gewissen wäre sie sowieso nicht zur Ruhe gekommen. „Du musst, du musst, du musst", jagten die Gedanken in ihrem Kopf herum. Das Geld verwaltete der Hausherr …

Großzügig war er allerdings, wenn wir Kinder in der Gasstätte halfen. Das taten wir ohne zu murren. Da hatte schon morgens ein ganzer Eimer Kartoffeln geschält zu sein oder die Tische der Gäste mussten nach dem Essen abgeräumt werden. Als ich so um die zwölf war half ich beim Verkauf. Ich arbeitete gern, war umsichtig und freundlich, konnte bald selbst einschätzen, was an Tätigkeiten im Umfeld notwendig war. Es ging nicht nur um das „LiebKind-machen" beim Vater, ich lechzte nach Bestätigung von ihm. Manchmal dachte ich jedoch: „Er kauft sich seine Anerkennung."

Im Gegensatz zu mir, die ich ein Überflieger in der Schule war, tat sich meine Schwester sehr schwer. Das fing damit an, dass sie als Linkshänder dazu gezwungen wurde, die rechte Hand zu benutzen. „Linke Pot, schlag den Düwel tot!" Mit diesem Spruch band man ihr die schlechte Hand auf dem Rücken fest. Das Ergebnis war, dass sie Angst vor dem Schreiben und auch vor dem Rechnen hatte. Ihre Zensuren auf dem Zeugnis waren katastrophal. Ein Ehepaar vom nahe gelegenen Zeltplatz hatte sie liebgewonnen. Sie nahmen sich Zeit für sie, übten Tag für Tag für die Schule und nahmen sie dann für zwei Jahre mit. Ich blieb ohne Lebenszeichen von ihr und unglücklich zurück. Meine Schwester kann sich heute kaum daran erinnern. Seit Jahren lebt sie in einer Ehe. Ihr Mann ist dem Alkohol verfallen, der Schwiegervater auch.

In der Pubertät begann ich aufmüpfig zu werden. Ich ließ mir nicht mehr alles vom Vater vorschreiben, widersprach, kapselte mich ab. Bei meinen ersten Bekanntschaften mit männlichen Personen merkte ich, dass ich ungewohnte Aufmerksamkeit und Liebe nicht ertragen konnte, weil ich es nicht kannte. Verwöhnte mich einer zu sehr, rannte ich einfach weg.

Ich wusste nicht, wie man eine Beziehung führt, als es an der Zeit war, zu heiraten. Geredet wurde damals über Dinge dieser Art nicht. Mein Selbstbewusstsein war nicht sehr ausgeprägt und ich war es gewohnt, unterdrückt zu werden. Das war geradezu ein Angebot an meinen Partner, der es zu nutzen wusste. Einige Jahre funktionierte das so, dann trennte ich mich wie man so schön sagt im Einvernehmen. Es folgten Jahre von wechselnden Partnerschaften, deren Ende jeweils Traurigkeit mit sich brachte mir aber auch genau zeigten, was ich nicht mehr kann und will.

In beruflicher Hinsicht kam mir immer das zugute, was ich notgedrungen in unserem Familienleben lernen musste. Schnell kann ich eine Situation nach allen Seiten abtasten und mich darauf einstellen, was in meinem Umfeld passiert. Veränderungen verunsichern mich nicht, sondern ich sehe sie als Herausforderung an. Außerdem bin ich es einfach gewohnt, zu arbeiten – ein positiver Zwang, der mich vorantreibt. Das konnte ich an meine beiden Kinder weitergeben. Ich bin sehr stolz auf sie. Beide leben ein sinnvolles von Verantwortung geprägtes Leben mit guten sozialen Kontakten.

Als mein Vater mit Lymphdrüsenkrebs im Sterben lag, äußerte er meiner Mutter gegenüber, dass ich ihm das liebste Kind gewesen sei und doch alles so toll gemacht hätte. So bekam ich doch noch die Bestätigung, nach der ich so gelechzt hatte.

Meine Mutter ist nach dem Tod ihres Mannes aufgelebt. Sie wohnt jetzt im Haus meiner Schwester. Wir verreisen viel mit ihr, mal ich, mal meine Schwester und auch mal meine Nichte Anne. Ich bin sehr froh darüber, dass sie von ihrem Leben noch etwas genießen kann.

Iris – 36

Ich bin eine Einzelgängerin - zu dieser Erkenntnis bin ich beim Nachdenken vor unserem Gespräch gekommen. Vorher ist mir das gar nicht so bewusst gewesen. Freiheit und Unabhängigkeit waren mir schon immer sehr wichtig. Von meiner Mutter konnte ich keine Streicheleinheiten oder gar Liebe erwarten. Ein gemeinsames Gespräch war eine Unmöglichkeit. Im Laufe der Jahre hatte ich gar keine andere Wahl, ich war eben auf mich selbst angewiesen. Heute gefällt es mir so, wie ich lebe. Einen Hund hätte ich gern wieder, aber das kommt nicht in Frage, so lange ich in einer Mietwohnung wohne. Allein zu leben heißt für mich nicht, sich für niemanden verantwortlich zu fühlen. Es gibt eine beachtliche Reihe von Leuten, die für mich genauso einstehen wie ich für sie. Ohne dieses soziale Umfeld wäre ich gar nicht lebensfähig.

Irgendwie habe ich meine Mutter von klein auf gehasst. Oft habe ich gedacht: "Die ist gar nicht deine

Mutter, das ist eine fremde Frau." Ich hatte nicht den geringsten Zugang zu ihr, konnte ich doch nur spüren, dass sie kalt und abwesend war, wie abgeschaltet, als wenn sie gar nicht da wäre. Für mich war das eben so. In ganz jungen Jahren sucht man noch nicht nach Erklärungen. Gekuschelt oder so wurde nicht, eher wurde ich niedergemacht, herablassend behandelt, das tat besonders weh. Einmal gingen wir in den Wald Pilze sammeln. Meine Mutter ging extra an einem schönen großen Teil vorbei, damit ich es finden sollte. Als ich mich über den Fund freute, lachte sie mich aus. Das fand ich besonders fies. Es war ein Riesenabstand zwischen uns, der sich von Tag zu Tag vergrößerte.

Mit vier bin ich das erste Mal von zu Hause abgehauen. Ich schnappte mir den Haustürschlüssel und zwei Maiskolben, machte mich auf den Weg ins Ungewisse. Eine Vorstellung wohin es gehen sollte, hatte ich nicht - Hauptsache weg. Meine Eltern haben mich dann mit dem Auto aufgegabelt, an eine Strafe kann ich mich nicht erinnern. Hatte ich Probleme, wandte ich mich an meinen Vater, er war meine Bezugsperson. Mit dem Schmusen hatte er es auch nicht so aber wir haben uns sehr gut verstanden. Da brauchte es nicht viele Worte. Wenn ich heute irgendwo den Geruch von Maschinenöl in der Nase habe, muss ich unweigerlich an ihn denken. Bei ihm fühlte ich mich gut aufgehoben. Abends saßen wir immer zu dritt zusammen und haben so rumgelabert, eben erzählt, was so alles am Tag passiert ist. An das was meine Mutter preisgegeben hat, kann ich mich nicht mehr erinnern. Sie war damals Pelznäherin in einer Werkstatt. Mein Vater war Kraftfahrer und werkelte immer an irgendwelchen Maschinen in seiner Bude auf dem Hof herum.

Wir wohnten auf dem Lande und waren Selbstversorger - Obst, Gemüse, Viecher, fast bäuerlich. Eine Hälfte des Zweifamilienhauses gehörte unserer kleinen Familie. Auf der anderen Seite lebten die Eltern meines Vaters mit ihren sieben Kindern. Das waren Leute, die ich sehr eigenartig fand und die mir Angst machten, weil sie widerlich waren. Ein Onkel flößte mir richtig Furcht ein, seine Nähe mied ich. Nein, sexuelle Übergriffe gab es nicht. Es war so ein nicht zu erklärendes mulmiges Gefühl. Ich sah eher unterernährt aus. Sie waren eklig fett. Ich war mir nicht so richtig dessen bewusst, was mich abstieß, fühlte aber, dass auch mein Vater Abstand zu diesen Menschen hielt, ohne dass wir je darüber geredet haben. Besonders schlimm fand ich, dass die Familienmitglieder, wo sie gingen und standen, pupsten. Ich habe mir das immer mit Bauchweh verkniffen und mich nie getraut, es rauszulassen. Ich war schon 27, als mir erklärt wurde, woher meine ständigen Bauchschmerzen kommen und dass man die Winde einfach fahren lassen muß.

Ich wurde von meinem Vater ziemlich frei erzogen. Gut, ich hatte so meine Aufgaben in Haus und Garten aber sonst konnte ich meine Zeit selbst einteilen. Der Wahlspruch meines Erzeugers war: „Du hast die Entscheidungsfreiheit, aber du musst auch mit den

Konsequenzen leben, die sich dadurch ergeben."
Meine Mutter war nicht in der Lage, sich in
Erziehungsangelegenheiten einzumischen. Eltern-
abende und sonstige schulische Veranstaltungen
nahm nur mein Vater wahr. Das hatte den Vorteil,
dass ich mich nur auf eine Meinung einstellen
musste. Meine Mutter habe ich sowieso nie für voll
genommen. Sie muss mich gar nicht verstanden
haben und ich sie auch nicht. Als ich einmal wegen
eines verschluckten Bonbons hart auf den Rücken
von ihr geschlagen wurde, dachte ich, sie wolle mich
bestrafen. Erst viel später habe ich erkannt, dass die
Schläge dazu dienten, den Bonbons auszuspucken.
Als Hilfeleistung konnte ich das nicht sehen. Hilfe
anzunehmen, das fällt mir heute noch schwer. Ich
will eben auf niemand angewiesen sein und alles
allein packen. Dabei ist es so, dass Energie
zurückkommt, wenn man einem anderen Gutes tut.
Ich bin ein ausgesprochen sozialer Mensch, der spürt,
wenn jemand Zuspruch braucht. Wer gibt, dem wird
gegeben.

Bei den Jungen Pionieren war ich höchstens ein
Viertel Jahr, dann zog es mich zur Christenlehre. Das
Pionier-Halstuch und diesen Drill beim Fahnen-
appell, das war mir von Anfang an zu blöde. Eine
Zeit lang habe ich mich bei den Evangelischen ganz
wohl gefühlt. Das war so ein bisschen wie ein Schutz,
denn in der Klasse bin ich oft angeeckt mit meinem
Freigeist. Es kam vor, dass ich mit hässlichen
Schimpfwörtern bedacht über den Schulhof gejagt
wurde. "Die Mutter von der hat doch ne Klatsche

weg!" hieß es und das schloss mich automatisch mit ein. Verstanden habe ich das damals nicht, ausgeschlossen fühlte ich mich doch. Aber eigenartigerweise hat mich das gar nicht so viel gestört. Ich habe eben mein eigenes Ding gemacht.

Schon mit zehn Jahren fühlte ich mich zu den Punks hingezogen, die waren nicht so wie alle, eben was Besonderes. Meine Mutter fuhr mich zu Treff-punkten meiner neuen Freunde und holte mich auch zu später Stunde wieder ab. Dort wurde schon in so jungen Jahren - ich mag inzwischen 13 gewesen sein - Alkohol getrunken. Es gab deshalb keine Auseinandersetzungen im Elternhaus. Ich war der Meinung, meine Mutter verstünde mich, sah sie als meine Freundin an. Dann aber erfuhr ich, wie sie mit anderen Leuten im Dorf über mich hergezogen ist. Warum sie das tat, habe ich nie richtig verstanden. Ich konnte es ihr nie verzeihen.

Nach einem Streit musste ich dann plötzlich um 22.00 Uhr zu Hause sein. Ich kam etwas später, außerdem hatten meine Eltern beobachtet, wie ich mit einem Kuss von meinem Freund verabschiedet wurde. Vater und Mutter waren wütend, Hausarrest sollte ich bekommen. Die Oma war regelrecht geschockt ob des Ereignisses mit dem jungen Mann. Als meine Familie dann noch mitbekam, dass ich mir versteckt unter meinen langen Haaren einen Irokesen als Zeichen der Zugehörigkeit zu meiner Clique habe schneiden lassen, gab es ein riesengroßes Theater. Mit 16 bin ich ausgezogen - zu meinen Freunden. Das war meine neue Familie. Wir haben in Abrisshäusern, in Gartenanlagen oder unter freiem Himmel gepennt. Lagerfeuer und Natur - das mochte ich. Ich habe mich Hammer wohlgefühlt. Meine Eltern haben sich sehr geängstigt um mich. Hin und wieder brachte meine Mutter einen riesigen Korb mit Lebensmitteln vorbei. Bei ihrer verächtlichen Meinung über mich blieb sie.

19 Jahre alt war ich, als die Krankheit meiner Mutter so richtig zum Ausbruch kam. Sie selbst hat nicht die geringste Erinnerung an diesen für mich so wichtigen Tag. Wollte sie sich das Leben nehmen? Keiner weiß es. Sie arbeitete inzwischen in einem anderen Betrieb, wo sie gemobbt wurde.

Sie hat mit allen möglichen in Benzin getränkten Tüchern im Haus kleine Feuer gelegt. Das Gebäude brannte ab. Als ich am nächsten Tag nach Hause kam, sagte mein Vater: "Eine gute und eine schlechte Nachricht. Deine Mutter lebt aber dein Hund ist tot." Mir wäre es umgedreht lieber gewesen. Ich habe meine Mutter abgrundtief gehasst, weil sie während des Feuers meinen Gefährten aus dem Zwinger gelassen hat, er lief mitten ins brennende Haus und kam da nie wieder raus. Der Hund war mein Halt. An diesem Hass bin ich jahrelang fast erstickt. Bis ich mich eines Tages von außen reflektieren konnte: "Das ist ein schlechtes Gefühl. das frisst dich auf, das muss weg." Mir gelang es, über meinen Schatten zu springen, das Vergangene der Krankheit meiner Mutter zuzuschreiben und ihr aus vollem Herzen zu vergeben. Mit meiner Mutter bin ich im Reinen - wir haben inzwischen ein ganz normales Mutter-Tochter-Verhältnis.

Ich sollte ihr hin und wieder danken, denn ich bin sehr froh, dass ich so bin wie ich bin. Ich kann gut mit mir leben. Ein bisschen habe ich schon beiseite gelegt und wenn ich wieder ein Grundstück unter dem Arsch habe, möchte ich unbedingt wieder einen Hund.

Jasmin – 50

Für meine Mutter war ich nur die BEKLOPPTE. Sie
nannte mich so, wenn sie mit anderen Leuten über
mich sprach. So auch als ich mich mit 14 ins Fenster
stellte und drohte, dass ich runterspringen würde,
wenn sie mich nicht in Ruhe lassen würde. Sofort
rannte sie zu den Nachbarn, um zu berichten, was die
Bekloppte wieder angestellt hat. Sie erwähnte jedoch
in keiner Weise, was mich dazu getrieben hatte. Man
hätte es keinem Menschen darstellen können, wie
gemein und geradezu hinterlistig sie mich vor allem
psychisch quälte. Wenn ihre Lügen doch
Ungereimtheiten ahnen ließen, stritt sie vehement
alles ab. Schließlich war ich daran schuld, dass ihr
ganzes Leben versaut wurde, ich war eine
unerwünschte Schwangerschaft, gleich beim ersten
Mal ist es passiert. UND ich wurde ihrer Meinung
nach schon böse geboren, da konnte ja nichts
Vernünftiges aus mir werden. Das teilte meine
Mutter unserer Umwelt beflissen mit. Es wagte sich
keiner zu hinterfragen, so hatte ich meinen Ruf weg.
„Ach, du bist das böse Kind", bekam ich zu hören,
wenn meine Mutter mich anderen vorstellte. Weil ich
ständig Nasenbluten – diese Sauerei wollte sie auf
keinen Fall auf ihrem Teppich haben - oder
Magenkrämpfe als Folge ihrer Gemeinheiten hatte
und hart mit den Händen an die Wände schlug,
schleppte sie mich zum Psychiater. Dort musste ich
Farbkleckse und Bausteine sortieren. Selbst dazu war

ich ihrer Auskunft nach zu blöd. Ich war ja sogar zum Scheißen zu blöd. Die Behandlung wurde von ihr abgebrochen.

Als meine besorgte Lehrerin uns besuchen wollte, wurde sie sofort rausgeschmissen. Mischte sich meine Oma ein, bei der ich drei Jahre nach dem ersten Lebensjahr Wochenkrippe aufwuchs, durfte sie mich nicht mehr treffen. Allein traute ich mich damals noch nicht dorthin. Oh, das tat mir weh, hatte ich doch bei den Großeltern so viel Liebe und Akzeptanz erhalten. Als ich zur Großmutter „Mama" sagte, flippte meine Mutter aus. Sie konnte es nicht ertragen, wenn sie nicht die Oberhand hatte. Damit konnte sie gar nicht leben. Es gab einen fürchterlichen Streit. Ein gutes Verhältnis wurde das nie zwischen Mutter und Tochter. Es war nicht möglich, dass sie sich verständigten. Sie hatten es nie gelernt.

Mit 18 Jahren fand meine Mutter heraus, dass sie von ihren Eltern adoptiert wurde. Die Papiere in einer Kassette bestätigten das. Das war ein Schock für meine Mutter, obwohl sie sich schon immer darüber gewundert hatte, dass sie so anders aussieht als ihre Erziehungsberechtigten, dunkelhaarig, dunkeläugig und klein. Schnell fand sie heraus, wer ihre leibliche Mutter ist. Meine Mutter ist ein sogenanntes Besatzerkind. Ihre Mutter hatte nach Beendigung des Krieges ein Verhältnis mit einem Osteuropäer, aus welchem Land ist nicht ganz klar. Der Mann wollte sie mitnehmen, aber die Schwangere hatte Angst, in die Fremde zu ziehen. Sie gab ihr Mädchen zur Adoption frei. Meine leibliche Großmutter hat später geheiratet und drei Söhne bekommen. Einmal verbrachten wir Weihnachten bei ihrer Familie. Der Kontakt riss schnell wieder ab. Für meine Mutter waren alle anderen Mitmenschen bescheuert, wenn sie nicht nach ihrer Pfeife tanzten oder sogar eine andere Meinung kundtaten. Deswegen ist sie 15 Mal in ihrem Leben umgezogen, immer dann, wenn sie sich mit ihrem Umfeld völlig verstritten hatte.

Sie soll ein fröhliches, ausgeglichenes Mädchen, gewesen sein, das eine sorglose Kindheit hatte. Sie lebte ja in einem guten Elternhaus, was ihr alle Annehmlichkeiten des Lebens bot. Konnte es sein, dass sie so verbittert wurde, als sie erfuhr, dass man sie nicht haben wollte, sie zur Adoption freigab? Gerade in letzter Zeit denke ich oft darüber nach, was diese totale Ablehnung ihrer leiblichen Mutter mit meiner Erziehungsberechtigten gemacht hat. Münzt sie das auf mich, will sie deshalb keine gute Seite an mir sehen? Hat sie mich deshalb von Anfang an verstoßen, weil man es mit ihr auch so gemacht hat? All ihre sich selbst verachtenden Gedanken schob sie vielleicht mir zu. Es sah aus, als wolle sie mich dafür bestrafen, was ihr widerfahren war. Diese Gedanken sind mir erst nach der Beschäftigung mit dem Buch „Das Gift der Narzisse" gekommen, was mir meine Ärztin empfohlen hatte.

Konfrontationen im Alltag gab es zwischen uns nicht, das war gar nicht möglich. Sie ordnete an, und ich gehorchte. Statt miteinander zu reden gab es gezielte Schläge mit dem Gürtel und dem Bügel oder arschvoll. Als ich mich in der Pubertät beschwerte, weil sie immer unangemeldet bei meiner Morgentoilette ins Bad kam, hatte ich ganz schnell mit dem Handrücken eine überbezogen bekommen. „Jetzt bekommst du das zurück", dachte ich und wehrte mich trotz Nasenblutens mit einem Schubser. Mutter rannte sofort im Haus herum um sich zu beklagen, dass ich versucht hätte, sie zu schlagen. Dass sie mich wie so oft durch eine Handgreiflichkeit provoziert hatte, sagte sie nie. Immer verstand sie es, sich im rechten Licht darzustellen.

Meine Schwester war einige Jahre jünger als ich und sehr zurückhaltend. Sie wurde nicht so viel drangsaliert. Sie bot wohl durch ihre ruhige Art keine große Angriffsfläche. Als ich 13 war, bekam ich noch einen Bruder, er war dann das Goldkind. Viel habe ich nicht mehr davon mitbekommen, weil ich mit 18 ausgezogen bin. Mich hat es genervt, dass ich nachmittags immer den Kinderwagen durch die Gegend schieben musste, während meine Freundinnen spielen konnten.

Oft dachte ich: "Das kann nicht deine Mutter sein, das ist eine Hexe." Ich vermied ich es, meine Mutter anzusprechen. Das Wort Mama kam mir nicht über die Lippen, weil sie gefühlsmäßig nicht meine Mutter gewesen ist. Schon früh ekelte ich mich vor ihr. An körperliche Berührungen kann ich mich nicht erinnern. Nur einmal gab sie mir einen missglückten

Kuss bei der Verabschiedung an der Straßenbahn, da war ich schon in den Dreißigern. Automatisch wandte ich mich ab, es war mir zuwider.

Meine Mutter war eine sehr schöne Frau, das wollte sie jederzeit bestätigt wissen. „Sehe ich nicht süß aus", war ihr üblicher Spruch, auch als sie dann schon weit in den Fünfzigern gewesen ist. Gern stand sie im Mittelpunkt, mir als Teenager war das peinlich. Ihre Freude war groß, wenn andere Leute uns für Geschwister hielten. Sie hatte ein übersprühendes Temperament und war sehr laut. Wenn man sie nicht sah, hörte man sie. Zu Betriebsfeiern war sie heiter, lustig und beliebt. Zu Haus zeigte sie dann wieder ihr wahres Gesicht, immer etwas vergrämt und leidend. Wenn ich sie ansah, fürchtete ich mich davor, was sie sich wieder für Boshaftigkeiten ausdachte, um mich ganz klein zu machen. Meine Schwester und ich dachten darüber nach, ob sie wohl eifersüchtig auf uns sei. Einmal hatte sie mich in der Eishalle heimlich beobachtet. Zu Hause hat sie mich dann gleich rangekriegt. „Wie du dich da benimmst, man muss sich ja schämen mit dir. Und wie du mit den Titten wackelst, wie eine Schlampe." Da wagte ich es, sie daran zu erinnern, wie sie meinen Stiefvater betrogen hatte und nach seinem Tod ganz schnell auf Derby gegangen war, um sich einen neuen Mann zu suchen. Die Verehrer blieben mir nicht verborgen und ein Knutschfleck am Hals meiner Mutter auch nicht. Ziemlich schnell fand sie einen Neuen, den sie sich ganz schnell hinbog. Eine eigene Meinung durfte er sich nicht erlauben aber er musste uns den Arsch vollhauen, wenn wir mal wieder etwas ganz Schlimmes getan hatten. Weil er zur See fuhr, war er gottseidank nicht viel zu Hause.

Der Neue war ausgesprochen widerlich, betatschte meine Schwester und mich sobald eine Möglichkeit dazu bestand. Wenn wir uns ab kitzelten, rutschte seine Hand ständig in die Nähe unserer Brüste. Einmal brachte er mich zum Zug und verabschiedete sich mit einem Kuss mit Zungenschlag von mir, ich hätte kotzen können. Ich hatte immer Angst vor seiner Unberechenbarkeit. Eigentlich war er mehr ein ruhiger zurückhaltender Mensch aber ausgesprochen fies und hinterhältig. Als meine Mutter zum Betriebsfest ging, bettelte ich sie: „Lass mich mit dem nicht allein". Es nütze nichts, sie war viel zu vergnügungssüchtig. Dass ihr Mann uns belauerte, kann ich nicht sagen. Dann hätte sie bestimmt bösartig reagiert. Sie war ja nicht anwesend, wenn er ganz zufällig ins Bad kam, wenn wir uns duschten und sich dann scheinheilig entschuldigte. Wir wagten das Thema nicht anzusprechen, nicht einmal bei meiner Oma. Hätte diese meine Mutter darauf aufmerksam gemacht, wäre ihr ein Besuchsverbot sicher gewesen.

Was ich zu Hause nicht wagte, traute ich mich in der Schule. In Betragen war mir eine drei sicher, weil ich den Lehrern blöde Antworten gab, einfach die große Klappe hatte. Meine Meinung musste unbedacht aus mir heraus. Diese Tendenz entdeckte ich später bei meiner Tochter Nina. Ich war Bestschülerin, das interessierte meine Mutter nicht im Geringsten, nur wenn sie mit meinen Leistungen angeben konnte als wären es ihre eigenen. Es fiel es gar nicht auf, als ich in der neunten Klasse völlig absackte. Mein Opa war gestorben. Er war eine der wenigen Personen, die mich sehr lieb hatten. Das hat mich traurig und sehr verwirrt gemacht. Mich beschlichen solche Gedanken: „Na da bin ich eben bekloppt, dann denkt doch alle, was ihr wollt. Ich mache jetzt mein Ding, wie es mir gefällt." Meine Leistungen wurden dann wieder besser. Den Durchschnitt von früher erreichte ich nicht wieder. Eigentlich wollte ich Porzellanmalerin in Meißen werden. Es gab nur zwei Stellen, ich bekam keine. Als Schneiderin konnte ich meine vorhandene Kreativität einbringen. Später machte ich noch eine Ausbildung zur Bürokauffrau.

Meine Tochter Nina gebar ich schon mit 19. Ich wohnte mit Arne zusammen, als ich schwanger wurde, gab es Unstimmigkeiten mit mir und meinem Partner. Ohne dass ich etwas davon wusste, stellte Mutter ihm ein Zimmer in ihrer Wohnung zur Verfügung. Als ich sie zur Rede stellte, meinte sie: „Was hast du nur mit dem armen Mann gemacht?". Später hieß es dann: "Du hast es nicht besser verdient. Du brauchst dich gar nicht zu wundern, wenn der Vater deines Kindes sich von dir trennt." Als Nina drei Monate alt war, lernte ich Torsten kennen. Bei ihm entwickelte ich durch seine Liebe und Achtung ein neues Selbstbewusstsein. Sein Verständnis für meine eigenartigen Stimmungen und

Ängste brachten mich zum Reden. Sofort spürte er, wenn ich mich mit meiner Mutter getroffen hatte, sprach mich darauf an. Er bestand auf Auseinandersetzung und Klärung zwischen uns, machte mir keine Vorschläge, gab keine Ratschläge. Es dauerte noch eine lange Zeit, bis ich meiner Mutter widersprechen konnte. Ich wollte es einfach nicht hinnehmen, dass eine Versöhnung nicht möglich sei. Ich meinte, ihr vergeben zu müssen. Heute weiß ich, dass ich mich schützen muss, Es ist es am besten, wenn es gar keinen Kontakt zwischen uns gibt. So kann ich in Ruhe und Frieden leben.

Wir bekamen noch einen gemeinsamen Sohn. Carlos hatte schon im Mutterleib einen offenen Rücken, der operiert werden konnte, hinzu kam noch eine Speiseröhrenmissbildung. Wir haben mutig ge-kämpft um ihn. Als der Professor meinte: "Wenn der Junge nicht so eine starke Mutter wie sie hätte, würde er nicht mehr leben", hat mich das stark und glücklich gemacht. Meine Mutter ließ sich nach der Geburt unseres Sohnes zwei Jahre lang nicht sehen. Die Kinder mögen sie nicht, lehnen sie geradezu ab, wenn sie in ihrer heuchlerischen Art aufkreuzt.

Lange Jahre blieb ich mit dem Kind zu Hause. Da hatte ich genügend Zeit und Möglichkeiten, mir ein soziales Umfeld aufzubauen, mit Leuten, deren Lebensgestaltungen mir gefallen. Ich habe es gelernt, ich habe es mit meinem Mann gelernt, über Probleme und Gefühle zu reden. So gelingt es mir gut, mich in Gruppen einzubringen. Ich fühlte mich aufgehoben dort und verbringe viele Freizeitaktivitäten mit meinen Freunden. Als Kind musste ich immer auf der Hut sein, die Alarmglocken dafür bereithalten damit ich darauf reagieren konnte, was meine Mutter wieder hinterlistig ausgeheckt hatte. Da ist ein Muster in mir entstanden. Sehr schnell spüre ich, was um mich herum vorgeht, kann sofort eine Situation erkennen. So bis 30 konnte ich die Verarbeitung dieser Informationen nicht steuern, eckte oft an, war auf Krawall gebürstet. Fast so wie meine Mutter, die jede Verkäuferin oder Kellner ab mistete, wenn ihr etwas nicht passte. Jetzt gehe ich mit dem Vermögen, ein Geschehen (Stimmung, Tonfall, Haltung, Mimik) schnell einschätzen zu können, anders um. Ich lasse Diplomatie walten, überlege mir, wie ich mich in der Situation des Anderen verhalten würde.

Diese Gabe des Schnell-Erkennens von Sachlagen habe ich in meiner Kindheit entwickelt. Nun kommt es mir im täglichen Leben zugute. Inzwischen habe ich mir in unserem kleinen Haus in Travemünde eine Galerie eingerichtet. Bei mir herrscht eine angenehme freundliche Atmosphäre.

Jenny – 23

Vater-Mutter-Kind. Lange Zeit dachte ich, wir wären eine ganz normale Familie. Papa arbeitete als Rettungsassistent und Mama war Hausfrau. Erst als ich in die Schule gekommen war, fiel mir auf, dass es nur immer mein Vater gewesen ist, der trotz seiner Berufstätigkeit für alle meine Belange zuständig war. Er ging zu den Elternabenden. Er bewunderte mich, wenn ich unterschiedliche Aufführungen in der Schule hatte. Manchmal übte er mit mir dafür, sprach mir Mut zu. Zunächst registrierte ich die ungewöhnlichen Verhaltensweisen meiner Mutter kaum, merkte aber, dass die Mütter meiner Mitschüler anders waren, sich um ihre Kinder kümmerten. Ich habe mich in meiner kindlichen Unschuld nicht gefragt, warum das so ist. Beneidet habe ich die anderen, wenn ich sah, wie sie verhätschelt wurden, ihnen Verständnis entgegengebracht wurde. Das kannte ich von daheim nun gar nicht. Ich hatte das Gefühl, von meiner Erziehungsberechtigten nicht wahrgenommen zu werden. Sie sprach kaum mit mir und wenn, dann nur, um mit mir zu meckern, mir Vorwürfe wegen irgendwelcher Kleinigkeiten zu machen. Deswegen ging ich ungern nach Hause – ich wusste ja, was mich erwartete. Ganz besonders unangenehm wurde es während der Pubertät. Nichts konnte ich ihr Recht machen. Sie verspottete mich oder machte sich lustig über mich. Das war quälend. Alles was ich tat, war falsch in ihren Augen. Ich kam mir nicht nur klein und hässlich, sondern auch unverstanden vor. In diesem Alter sucht man doch seinen Weg, will mit dem Kopf durch die Wand, macht Fehler, wird bockig. Mir blieb nichts anders weiter übrig, als immer wieder wegzulaufen, weil ich es nicht aushielt.

In unserer kleinen Stadt wurden die Eigenarten von Mama nicht wahrgenommen, da sie ja kaum aus dem Haus ging, fast den ganzen Tag im Bett verbrachte. Bekannte taten so, als wäre alles okay, so dass ich mich manchmal schon fragte, ob ich vielleicht spinne. Die Großeltern beiderseits nahmen am Familienleben gar nicht teil. Wir waren eben nur Vater-Mutter-Kind – und das in einer ungesunden Zusammenstellung. Es blieb mir nichts anderes weiter übrig, als den Haushalt zu schmeißen, sonst hätte ich wohl manches Mal nichts zu essen gehabt. Notgedrungen musste ich schon sehr zeitig mein eigenes Leben organisieren. Dadurch hatte ich allerdings auch eine gewisse Unabhängigkeit und konnte meine Zeit einteilen, wie ich wollte. Das geschah alles in einem Alter, als die anderen Mädchen noch Beistand und Zuflucht bei ihren Müttern suchten. Hat mich das selbständig gemacht? Auf jeden Fall. Ich wäre lieber umsorgt gewesen.

Jetzt wohne ich das erste Mal mit einem Freund zusammen. Die Haushaltsführung mache ich so nebenbei. Diese Tätigkeiten bin ich ja von klein auf gewöhnt. Wenn ich mich bei meiner Freundin ausheulte, meinte diese: „Weißt du, sie ist krank und kann nichts dafür, geh ihr einfach aus dem Weg. Dann hörst du all ihre bösen Worte nicht!". Nicht immer gelang mir das. Zu der Zeit konnte ich nicht mit meinem Vater reden, wahrscheinlich brauchte ich die weibliche Seite zum Austausch und als Ratgeber. Als meine Mutter dann noch in die Nervenklinik kam, war ich ziemlich mir selbst überlassen. „Depressionen und irgendwelche Zustände" sollten der Grund für ihren Aufenthalt dort sein. Ich war viel zu sehr mit mir selbst beschäftigt, als dass ich mich mit diesen Krankheitsdingen auseinandersetzen konnte. Ich wusste nicht, was dahintersteckt, wenn meine Mutter ungewöhnlich laut und unverständlich schrie. Ich dachte, es sei ein übermäßiger Wutanfall, der sie Geschirr werfen und Möbel demolieren ließ. Nach und nach stellte ich fest, dass sie Angst vor den Leuten hatte, die sie verfolgten. Für mich war ja keiner zu sehen, der ihr zusetzte .Das mit dem Wahn habe ich erst viel später verstanden. Da war ich dann schon erwachsen. Heute kann ich meine Mutter so akzeptieren, wie sie ist. Ich habe halt begriffen, dass sie seinerzeit gar nicht anders konnte, dass sie den uns allen unverständlichen Schüben einfach ausgesetzt gewesen ist.

Als ich wegen Schulschwänzens in der achten Klasse hängenblieb, schaltete sich das Jugendamt ein. Nach einem Aufenthalt in der Kinder-und Jugendpsychiatrie landete ich im Betreuten Wohnen. Meine Mutter interessierte das überhaupt nicht. Mein Vater stand unter ihrer Fuchtel und hatte kaum etwas zu sagen. Trotzdem holte er mich alle vierzehn Tage zum Wochenende ab, umgab mich mit Aufmerksamkeit.

In der Einrichtung waren endlich Menschen da, die sich für mich interessierten. Sie diskutierten mit mir über meine Zukunft, machten Vorschläge, unterstützten mich in jeglicher Richtung. Ich empfand das als sehr wohltuend. Es hat mir richtig gut getan. Weil ich so angenommen wurde, wie ich bin und die Mitbewohner mich anerkannten, entwickelte ich so etwas wie Selbstbewusstsein. Damit verbesserten sich auch meine schulischen Leistungen. In Doberan absolvierte ich ein Vorbereitungsjahr und fing eine Ausbildung als Hotelfachfrau an. Ständiger Kontakt mit anderen Menschen, Auskünfte geben, das war etwas, was ich gar nicht gut konnte. Aus diesem Grund blieb ich dort nur ¾ Jahr, brach ab und machte mich wieder auf Ausbildungssuche. Nach einem Praktikum im Altersheim schwebt mir ein Beruf in der Altenpflege vor. Es gibt mir ein gutes Gefühl, für Schwächere da zu sein. Vielleicht ist auch ein bisschen schlechtes Gewissen dabei, weil ich meiner Mutter in keiner Weise Hilfestellung leisten konnte. Naja, ich war ja viel zu jung, als es damals die Schwierigkeiten gab. Eine Zeit lang dachte ich, es sei völlig normal, sich mit Tabletten so zuzuschütten, dass man „weg vom Fenster ist", nur noch halbtot im Schlafzimmer herumliegt. Aufgeklärt über diese schlimme Krankheit hat mich niemand. Wie ich mir mein Leben in zehn Jahren vorstelle? Ein gutes Leben möchte ich haben. Wichtig sind eine ausfüllende Arbeit, ein guter Partner. Kinder – da bin ich noch unsicher. Auf jeden Fall weiß ich: Ich werde voll und ganz für sie da sein, ihnen ein harmonisches und friedvolles Zuhause bieten und das ganz bewusst.

Johann – 32

Ich war acht und mein Bruder war elf Jahre alt, als meine Eltern auseinander gingen. Im Vorfeld war der Alte extrem schräg drauf, ausgesprochen schlechtlaunig. Kinder können so etwas nicht verstehen oder einordnen. Wir haben uns gewundert, dass er ständig so miesepetrig war, haben es aber gottseidank nicht auf uns bezogen. Wir sind ihm eben aus dem Weg gegangen, um uns seiner schlechten Laune nicht auszusetzen. Das mit den anderen Frauen haben wir nicht mitgekriegt. Meine Mutter hat darüber mit uns nicht gesprochen. Erst Jahre später hat sie uns erzählt, dass das der eigentliche Grund für die Trennung war. Sie hat das ständige Lügen und Versteckspielen nicht mehr ausgehalten. Als sie mir eines Tages über diese Zeit berichtete, nahm ich mir vor, treu zu sein, wenn ich eine Frau lieben sollte. Neun Jahre war ich mit der Mutter meiner Kinder zusammen – betrogen habe ich sie nie. Eigenartigerweise haben diese negativen Umstände in meinem Elternhaus meine Vorstellung von einer Partnerschaft positiv geprägt. Vater hat uns damals erzählt, Mutter hätte einen anderen Mann, deswegen strebe sie die Scheidung an. Dabei war dieser Neue ein Freund der Familie, der meiner Mutter zur Seite stand, sie tröstete und ihr bei vorwiegend handwerklichen Dingen half. Das mit dem Verhältnis zwischen den Beiden hat sich erst viel später entwickelt. Ich habe diesen Mann nach den Auskünften meines Vaters gehasst und ihn lange geschnitten, obwohl er sich sehr viel Mühe mit uns Kindern gegeben hat. Mit der Zeit wurden wir gute Freunde. Er war für uns ein verlässlicher männlicher Partner, als Vater weggegangen war. Es war ein echtes Scheißgefühl als Vater auszog, zunächst nach Leipzig, dann nach Erfurt. An einigen Wochenenden schickte uns Mutter dorthin. Die Aufenthalte waren widerlich und unangenehm. Jedes Mal fuhren wir mit einem unguten Gefühl dahin. Nur gut, dass wir zu zweit waren. Ich wage mir gar nicht auszumalen, wie das einer allein mit unserem Erziehungs- berechtigten aushalten sollte. Es kam oft vor, dass wir zu dritt am Tisch saßen und keiner redete. Irgendwann fing er dann an, uns vorzujammern, wie beschissen das Leben doch sei und dass er aus den tiefen Löchern nicht herauskäme. Für uns war das schrecklich, geradezu lähmend. Es gab nichts, auf das wir uns freuen konnten. Er schleppte uns von einer Ausstellung in die andere, weil er sich für Bildende Kunst interessierte. Uns kotzte das an. Wir wussten nicht, wie wir uns verhalten sollten. An ein schönes Erlebnis an den Besuchs-Wochenenden kann ich mich überhaupt nicht erinnern. Als wir noch alle zusammen wohnten, war er ein anerkannter

Fotografiker, der vorwiegend von städtischen Aufträgen lebte. Bei unseren wenigen Besuchen hatte ich nicht den Eindruck, dass sich in seinem Atelier etwas tat. Ständig jammerte er über das viele Geld, was er als Unterhalt für uns zahlen sollte.

Auch unserer Mutter ging es in dieser Phase sehr schlecht, sie konfrontierte uns jedoch nicht mit ihren Problemen. Während Vater über unsere Mutter herzog und sie der Untreue bezichtigte, sprach Mutter das Thema gar nicht an und erwähnte in dieser Zeit nicht, wie oft sie wegen des Fremdgehens ihres Partners enttäuscht und traurig war. Für uns war sie jederzeit fröhlich und lustig, stellte sich auf unser Leben ein. Immer hatte sie neue Einfälle, die wir gemeinsam umsetzten und bei denen wir viel Freude hatten. Ich war zehn als sie meinte, so ein Dorfleben, wie sie es als Kind hatte, würde uns Buben besser bekommen, als das in der lauten hektischen Stadt. Dahinter standen wohl auch ihre Kindheitserinnerungen. Also zogen wir in das ca. 20 km entfernte Herrendorf. Zunächst wetterten wir über die nicht gerade komfortable Hütte. Dann haben wir sie ganz schön auf Vordermann gebracht. „Lebenslust" heißt unser Gehöft heute. Es ist ein stattliches Anwesen geworden, in das wir viele Ideen, Mühe und Arbeit gesteckt haben.

Unser Vater besuchte uns dort nie. Er meldete sich hin und wieder an, musste dann aber jedes Mal in eine mehrwöchige Therapie. Ob das eine Ausrede gewesen ist, haben wir nie erfahren.

Na ja, die Umschulung in die Dorfschule „Juri Gagarin" war am Anfang unangenehm. Man kannte ja keinen, kam in ein bestehendes gefügtes Kollektiv. Schon nach wenigen Wochen hatten wir uns eingelebt und waren absolut integriert. Ich war ein großer kräftiger Junge, der sich gut durchsetzen konnte. Es war ein Vorteil, dass ich den anderen Schülern physisch überlegen war, so erwarb ich schnell Anerkennung. Einen echt guten Kontakt hatte ich dann zu meinen Leuten. Sie wohnten zwar alle zwei bis drei Kilometer entfernt, aber mit dem Fahrrad war ich schnell dort. Es bürgerte sich immer mehr ein, dass die Freunde aus der Umgebung in unser Haus kamen. Mein Bruder Artur war ja so eine Leseratte, er zog sich oft in sein Zimmer zurück. Einige seiner Freunde gesellten sich dann zu uns. Allerdings war Artur derjenige, der sich mehr um den Haushalt kümmerte. Wir heizten ja noch mit Kohlen. Er sorgte dafür, dass sie immer vor den Öfen parat standen.

Unsere Mutter hatte nichts dagegen, wenn wir unsere Freunde mitbrachten, auch wenn sie nicht zu Hause war. Zur Essenszeit, saßen wir alle an dem großen Tisch und futterten. Waren es ein oder zwei Jungen mehr als angemeldet, war das auch nicht schlimm. Irgendetwas gaben Kühlschrank und Vorratskammer immer her, so dass alle satt wurden. Finanziell ging es uns damals nicht gut. Für die wichtigen Sachen war immer Kohle da. Süßigkeiten gab es allerdings nicht regelmäßig. Wenn es irgendwie ging, steckte Mutter uns paar Mark zu, dass wir uns was extra leisten konnten. Außerdem war da noch Franz, unser Großvater, der uns liebte und verwöhnte. Ihn verehrten wir, von ihm haben wir viel gelernt. In gewisser Weise hat er uns den fehlenden Vater ersetzt.

Alimente bekam meine Mutter nicht. Vater war Künstler und hatte nur sehr unregelmäßige Einkünfte. Ja, sie hätte bei Gericht klagen können, zwei Mal hat sie es versucht, aber dann fehlten ihr die Kraft und das Durchhaltevermögen. Einmal sollte uns Vater 20,00 Mark für einen Schulausflug geben. Es war widerlich, er machte auf Mitleid und jammerte über seine Mittellosigkeit. Wegen seiner Krankheit könne er ja nicht arbeiten, verstanden habe ich das nie. Ich habe ja inzwischen auch Kinder, ich würde sie nicht zu ihrem Opa fahren lassen, wenn ich feststellen würde, dass er wieder in so schlimme Schübe reinrutscht. Mein Vater scheint ein Mensch zu sein, der von Natur aus nicht glücklich werden kann. Er ist so ein Typ „schwarze Wolke".

Das gesamte Programm mit den Pionieren fand ich gut, auch das blaue Halstuch habe ich gern getragen. Einmal hatte ich mein Pionierhemd selbst gewaschen, danach war es rosa. Ich habe dann einfach was anderes weißes zum montäglichen Fahnenappell angezogen. Es war mir schon wichtig, die Regeln einzuhalten. Komisch, dass ich damals so viel Wert darauf gelegt habe. Wahrscheinlich wollte ich vom Pionierleiter keinen Einlauf bekommen. An die Pioniernachmittage kann ich mich überhaupt nicht mehr erinnern. Eigentlich fand ich die gesamte Jugendzeit in der DDR gut, mir ist nur dieses Gefühl geblieben, einzelne Geschehnisse sind zu weit weg. Schlechte Erfahrungen finde ich in meinem Gedächtnis nicht. Der Bonzenknabe ist mir noch in meiner Erinnerung. Er hatte gepetzt, dass wir Schimpfwörter gesagt hatten. Wir dachten, das wären seine Großeltern, die ihn in der Schule abgeliefert hatten, dabei waren es seine Eltern. Na, den haben wir aber getriezt. Im Pionierhaus konnten wir malen, töpfern, fotografieren und vieles mehr. Im Kinderferienlager vom Betrieb meiner Mutter war ich nur einmal. Ich soll da wie ein Trauerkloß rum gehangen haben, also schickte mich meine Mutter nicht noch mal hin. Am liebsten ging ich mit Großvater auf die Jagd, das hat mir wirklich Spaß gemacht. Ich habe noch den Tag vor Augen, als wir einen Bock geschossen haben. In der Natur rumströpen, das ist meine Welt. Ich bin noch nie ein Stadtkind gewesen. So geht es auch meinen Kindern, sie sind jetzt sieben und neun Jahre alt. Wenn sie am Wochenende hier draußen sind, können sie machen, was sie wollen. Hauptsache in der Schule ist alles in Ordnung. Sie treiben sich den ganzen Tag draußen herum. Schularbeiten mache ich nicht mit ihnen, das nehme ich mir immer vor, schaffe es dann aber doch nicht. Der beste Kumpel von meinem Sohn wartet schon immer sehnsüchtig auf seinen Freund. Unsere Nachbarstochter ist eng mit meiner Tochter befreundet. Und dann wohnt ja seit einiger Zeit meine Mutter, ihre Großmutter hier, die viel Zeit mit ihnen verbringt.

Mit den unterschiedlichen Partnern ihrer Mutter kommen meine Kinder gut klar. Ich vergaß zu erzählen, dass wir Eltern uns getrennt haben. Tochter und Sohn sind zu eng mit ihrer Mutter verbandelt, als dass da ein Mann stören könnte.

Ich habe im Moment keine Partnerin.

Mit meiner Mutter habe ich ein sehr inniges Verhältnis. Vielleicht wäre es nicht so eng geworden, wenn mein Vater bei uns geblieben wäre. Sie ist aus der Stadt wieder zurück aufs Dorf gekommen. Ich habe ihr den Dachboden ausgebaut. Gemeinsam führen wir ein warmes und fröhliches Leben.

Katharina – 33

Eines Tages war meine Mutter einfach weg. Das Eigenartige daran ist, es hat mich nicht lange beschäftigt. Bitterlich geweint habe ich am Anfang trotzdem. Ich war erst acht Jahre alt. Meine Erziehungsberechtigte bekam ich selten zu Gesicht, sie schlief ungewöhnlich viel. Ansonsten war sie immer wie abwesend, ich habe ihr Vorhandensein kaum gespürt. Sie war eben eines Tages einfach weg Später wurde mir mitgeteilt, sie wollte ihr Leben genießen. Dazu gehörten wohl auch unterschiedliche sexuelle Kontakte.

Ich lebte damals mit meinem Vater und meinem vier Jahre jüngeren Bruder zusammen. Über die Abwesenheit meiner Mutter wurde kaum gesprochen. Sie war eben eines Tages einfach weg. Ich vermute, dass mein Vater nicht so richtig wusste, was mit ihr los gewesen ist. Erst im Nachhinein habe ich begriffen, was es für eine schlimme Zeit es für ihn gewesen ist. Hilfe suchte er nicht, wollte sich keine Schwäche eingestehen. Die Distanz zu seinen Kindern wurde immer größer. Er war überfordert mit der Situation. Das habe ich gespürt, deshalb verbrachte ich viel Zeit bei meinen Großeltern väterlicherseits. Rückhalt bekam ich ebenso bei Opa und Oma mütterlicherseits. Ich war Opas Lieblingskind, bekam viele Kuscheleinheiten, das tat mir gut.

Damals wohnten wir in Bad Doberan, ein kleines Städtchen, wo fast jeder über jeden Bescheid wusste. Von dort aus zogen wir nach Toitenwinkel ins Neubaugebiet, da war man anonymer.

Später nahm Mutter wieder Kontakt zu mir auf, ich sollte ihr Fotos bringen und von uns erzählen. Sie sah mich wohl als Mittler zwischen ihr und ihrem Mann. 13 war ich, als die beiden sich scheiden ließen, also mitten in der Pubertät. Jedes zweite Wochenende fuhr ich zu meiner Mutter. Sie war großzügig und erschien mir sehr cool. Ich durfte rauchen, trinken und sehr lange abends draußen bleiben. Das änderte sich rasch, als ich dann mit 15 zu ihr zog. Der Grund fpür den Umzug war, dass mein Vater eine neue

Freundin hatte. Diese kämpfte nun mit uns Kindern um die Liebe ihres neuen Partners. Mein Bruder erlebte dort noch das neue Geschwisterkindchen. Mit 14 folgte er mir.

Mutter konnte mit uns zwei Halbwüchsigen ihrer Verantwortung nicht gerecht werden. Oft kam es zu Zerwürfnissen. Diese Konflikte wurden jedoch nicht gemeinsam gelöst. Meine Mutter bestrafte mich mit redefreien Zeiten. Das tat unserer Beziehung gar nicht gut. Noch immer habe ich Schwierigkeiten, meine Probleme in Beziehungen jeglicher Art auf den Tisch zu legen, statt einfach dicht zu machen. Ich sage es gleich mal: Heute sind Mutter und Tochter in der Lage, Uneinigkeiten darzulegen und sie zu bereinigen. Unsere Gespräche sind jetzt toll. Wir sprechen alles offen an und reden nicht durch die Blume. Es hat eine ganz lange Zeit gedauert, bis wir es geschafft haben, so miteinander umzugehen. Angefangen hat es bei ihren Erpressungsversuchen, wenn sie zum Beispiel depressiv in der Klinik lag und ich ihr unbedingt Zigaretten besorgen sollte. Ich habe mich dann ihren Forderungen nicht mehr gebeugt, sondern das getan, was ich richtig hielt. Danach habe ich mich wohl gefühlt und konnte mit weniger Ängsten zu ihr zurückkehren.

Wenn meine Mutter das Lithium nach Vorschrift nahm, war sie wirklich gut zu händeln. Ihr war bewusst, dass sie verschiedene Befindlichkeiten eben aushalten musste, und das konnte sie dann auch. Besonders unangenehm war es, wenn sie ihre

Schlaftabletten nahm oder Alkohol trank. Sie meinte, sie käme sonst nicht zur Ruhe und könne nicht einschlafen. In dieser Phase erzählt sie alles doppelt und dreifach, war nicht zu beeinträchtigen. Ehrlich hat sie mal zugegeben, sie hätte auch Drogen genommen, wenn sie in der DDR da rangekommen wäre.

Sie ordnet die Anfänge ihrer Krankheit nach der Geburt ihres zweiten Kindes ein. Ein drittes will sie mit heißem Baden abgetrieben haben. Das machte ihr Schuldgefühle, die sie nie wieder loswurde. Das alles ist ihr jedoch erst nach mehreren Therapien bewusst geworden und mir auch. Ich war gelegentlich in recht eigenartigen Situationen mit ihr, wenn sie einen psychotischen Schub bekam. Das geschah vor allem dann, wenn sie die vom Arzt verordnete Dosis von Medikamenten absetzte. Ich traf dann auf eine lachende und heulende Mutter, die mir im Bademantel auf der Straße entgegenkam und meinte: "Komm, wir gehen jetzt zur Oma." Als ich ihr klarmachte, dass sie in die Klinik muss, meinte sie: „wenn du das sagst, dann mache ich das!" Während dieser Aufenthalte habe ich dann immer bei Oma gelebt. Schon damals habe ich mich gefragt, was hinter diesen unverständlichen Handlungen steckt. Es hat sich mir kein Grund oder eine Ursache erschlossen. Das brachte mein ganzes Weltbild durcheinander. Von den quälenden Fragen lenkte ich mich mit Freunden am Strand oder bei Parties ab. Freuen konnte ich mich nicht, fallenlassen ging gar nicht, weil mich die Angst beherrschte, nicht wieder aufstehen zu können.

Jedoch war ich stets für Freunde und Bekannte mit ihren Fragen da, musste erst lernen, mich abzugrenzen und mich nicht von ihren Sorgen auffressen zu lassen. Auf der anderen Seite taten mir die Aufmerksamkeit, ihre Anerkennung und das Lob der Ratsuchenden gut. Schnell registrierte ich, dass ich Menschen in scheinbar unlösbaren Situationen und solche mit psychischen Beschwerden geradezu anzog. Ich scheine ihnen zu signalisieren: „ Ich bin eine, die versteht, was mit dir los ist, mit mir kannst du offen reden."

Das Verantwortungsbewusstsein hatte ich ja schon als große Schwester gelernt. Ich hätte alles getan, um meinen Bruder zu beschützen. Ich wollte unbedingt verhindern, dass er sich schon als Kind Gedanken über Vorgänge machen musste, die sich seinem Verstand entzogen, die er aber fühlte. Geprägt hat ihn das Durchlebte doch. Wir reden nicht viel darüber. Ich spüre jedoch, dass er Schüben ausgesetzt ist. Jetzt ist er gerade auf der Walz und wir sehen uns nicht oft. Wir haben ein inniges Verhältnis. Täglich ging meine Mutter ihrer Arbeit nach, auch wenn Depressionen sie heimsuchten, wenn sich das Rad in ihrem Kopf drehte, das ihr vermittelte, sie sei nicht liebenswert, eigentlich gar nichts wert, deswegen mag sie auch keiner. In solchen Phasen wurde sie autoaggressiv. Sie zog sich zurück, um ihre Aggressivität nicht auf andere Leute auszudehnen.

Im Beruf Tag für Tag lächeln, wenn ihr nicht danach war, das hat sie enorm viel Kraft gekostet. Als sie dann erwerbsunfähig wurde, bestand sie den Alltag wesentlich besser. Der auf ihr lastende Druck war endlich fort. Sie konnte sich voll und ganz ihrem Hobby Malen widmen. In ihren manischen Phasen wurde Mutter extrem kreativ. Sie zauberte wunderschöne phantasievolle Bilder. Das brachte ihr die ersehnte Anerkennung ein. Steuerte sie jedoch auf ein Tief zu, wurden die Bilder nicht fertig.

In unserer Familie wurde die Krankheit kaum thematisiert. „Was sollen denn die Leute von uns denken?" Das war einer der Gründe, weshalb Mama erst sehr spät zu einer Krankheitseinsicht kam. Sie musste ja ständig so tun, als sei bei ihr alles in Ordnung. Das kostete sie wahnsinnig viel Energie, machte sie klein und schwach. Es gab Selbstmordgedanken. Einmal erzählte sie mir: „Ich war schon auf den Baum gestiegen mit einer Schlinge um den Hals, vorher habe ich Alkohol getrunken. Dort oben soff ich weiter. Dann habe ich an Euch Kinder gedacht und bin wieder hinab gestiegen." Das und vieles anderes habe ich als Kind gar nicht mitbekommen. Meine Mutter hat es mir viel später berichtet.

Das war zu jener Zeit, als ich mittels Büchern und vielseitigen Recherchen herausbekommen wollte, was bei meiner Mutter gelaufen ist. Die Beschäftigung mit den verwirrenden Dingen war zu viel für mich; ich verfiel in eine emotionale Starre, konnte keine Gefühle zulassen, nicht weinen, nicht über mein Befinden reden. Ich kam mir vor wie eine Marmorstatue, die bis zum Kopf zugemauert ist und sich nicht bewegen kann. „Sei stark! Sei stark!" sagte ich mir immer wieder. Auf jeden Fall wollte ich verhindern, dass meine Mutter durch mich traurig wurde.

Die Gedanken: „Woher kommen die Beschwerden meiner Mutter, was macht ihre Psyche mit ihr, wie ist das einzuordnen?" ließen mich nicht los. Meine Neugier trieb mich immer weiter in dieses Gebiet hinein. So war es nicht verwunderlich, dass ich nach dem Abi unbedingt eine Richtung studieren wollte, die mich begreifen lässt, wie diese Ungereimtheiten im Kopf entstehen und wie man mit ihnen umgeht.

Nicht auf alle Fragen habe ich eine Antwort bekommen. Man ist ständig in der Entwicklung und lernt dazu. Heute habe ich, wie man so schön sagt, eine erfüllende Arbeit. In einer psychosozialen Einrichtung kann ich meine Erkenntnisse einbringen. All die Geschehnisse, die meine Pubertät und überhaupt mein Leben prägten, finde ich nun bei anderen Menschen wieder. Ich kann sie gut verstehen, die Kranken öffnen sich. Es ist ein gutes Gefühl, wenn man Menschen in schwierigen Lebenssituationen helfen kann, ihren ganz eigenen Weg zu finden.

Karin – 48

„Trau keinem! Alle Menschen sind schlecht!" das war das wichtigste Lebensmotiv, was mir meine Mutter von Anfang an mit auf den Weg gegeben hat. Diese Weisheit hat mein ganzes Leben geprägt. Es war ein langer, mühsamer, verbitterter oft lebensmüder Gang. Und doch ist es mir gelungen - wenn auch sehr vorsichtig -, mich anderen Menschen zu öffnen, mich ihnen zu zeigen, wie ich bin und vor allem wie sehr ich ihre Hilfe brauche. Mit Zaghaftigkeit kann ich das Entgegenkommen anderer annehmen, spüren, welche Freude mich erfüllt, wenn ich geliebt und geachtet werde. Daraus hat sich der dringende Wunsch entwickelt, Kindern, die in einer ähnlichen Situation sind, wie ich es war, zu helfen. Es wäre großartig für mich, wenn ich es verhindern könnte, dass Jungen oder Mädchen den gleichen Leidensweg gehen müssen wie die kleine Katrin von damals. Die Möglichkeit habe dazu habe ich in einem Schulprojekt gefunden. Wir Betroffenen vermitteln den Schülern Kenntnisse über psychische Krankheiten. Sei es, dass sie Symptome bei sich selbst erkennen oder dass sie das Verhalten eines psychisch kranken Elternteils erkennen. Viel Leid könnte jungen Menschen erspart bleiben, wenn sie heraus Sachkenntnis wahrnehmen, finden können, was mit ihrer Mutter oder Vater nicht in Ordnung ist. UND vor allem, wo sie sich gezielte und wirksame Hilfe und Unterstützung holen können.

Als uneheliches Kind wurde ich 1967 in einem kleinen Dorf geboren. Nun war es zu dieser Zeit ein großer Makel, unverheiratet schwanger zu werden. Und dann noch auf dem Lande, wo jeder alles über den anderen wusste. Meine Mutter war die Geliebte eines Kollegen aus der Schule. Er war verheiratet und hatte einen Sohn. Als ihre Schwangerschaft sichtbar wurde, versetzte man sie in ein anderes Dorf, als wäre damit die Sache aus der Welt. Es war in dieser Zeit wie eine Hexenjagd, wenn es bekannt wurde, dass sich eine junge Frau unehrenhaft einem Mann hingegeben hatte, der bereits verehelicht war. Es gab Geschäfte, in denen meine Mutter nicht bedient wurde. Hinter ihrem Rücken wurde ständig getuschelt, natürlich nichts Gutes. Mir war mein Erzeuger nur unter den Namen „Dreckstück" und das „Arschloch" bekannt. Meine Erziehungsberechtigte hegte einen unbändigen Hass auf ihn. Männer waren in ihren Augen Schweine, die Frauen nur benutzen, um sie dann fallen zu lassen. Ich begann, mich vor diesem Geschlecht zu fürchten. Im doppelten Sinne. Jedoch kam nie ein Wort über ihre Lippen, wie sich diese Liebschaft – es muss ja wohl eine gewesen sein – damals abgespielt hatte. Das haben mir unter vorgehaltener Hand andere Leute erzählt. Warum sie das taten und ob sie es gut mit mir meinten, das konnte ich damals und auch heute nicht einschätzen. Im Alter von 18 Jahren schrieb ich einen Brief an meinen Vater, der nie beantwortet wurde. Das verstörte mich, musste ich doch viel Mut aufbringen, um mich an ihn zu wenden. Und dann das Ergebnis: Ich wurde nicht gemocht. Es war genauso, wie es mir all die Jahre meine Mutter gepredigt hatte:" Du bist nichts wert, du bist eine Plage, du störst."

Da wir nur den wirklich notwenigen sozialen Kontakt hatten, war ich vollkommen auf meine Mutter fixiert, war abhängig von ihr, von ihrer Einschätzung hing mein Selbstwert ab. Für sie war ich der letzte Dreck, dass ließ sich mich täglich sehr direkt wissen. Ihre Worte waren nicht sehr gewählt. Ich konnte mir noch nie erklären, warum meine Mutter Edith so hart und streng geworden war. „Egal, was passiert, nach außen hin hat man zu funktionieren. „Da musst du durch", war die Devise als Edith im Januar 1945 mit ihren Verwandten aus Ostpreußen nach Deutschland flüchtete. Kaum wurde in meiner Kindheit darüber gesprochen, wie entsetzlich das damals gewesen sein muss, die Heimat sowie Hab und Gut zu verlieren und irgendwo angekommen, verachtet zu werden. Das wenige, was ich hörte, legte mir die Verpflichtung auf: „Du musst dafür sorgen, dass es deiner Mutter gut geht!" Das war wie eingebrannt in mein Gehirn.

Oft habe ich darüber nachgedacht, ob sie die Verletzung durch den Geliebten auf mich als die Frucht dieser Zweisamkeit übertragen hat. Vielleicht sah sie mich als den Grund ihrer Überforderung im Leben an. Einfach war es damals für alleinstehende Mütter nicht. Sie wurden gemieden und waren ja eine Bedrohung für zu Seitensprüngen neigende

Ehemänner. Deshalb gingen bei uns auch keine Personen ein und aus. Zweimal im Jahr kam Besuch zu uns, dann wurde für die Verwandtschaft vom Feinsten aufgetafelt und so getan, als wäre die Welt in Ordnung.

Wenn Mutter ihre Sprüche „Du treibst mich zur Weißglut! Ich bin doch kein Dienstmädchen für dich!" entgegenschleuderten, dann kam ich mir nicht nur hilflos, sondern vollkommen wertlos vor. Mein schlechtes Gewissen marterte mich, dass es meine verdammte Schuld war, wenn Mutter so wütend wurde. Ständig lebte ich mit der Angst, etwas verkehrt zu machen, sie gegen mich aufzubringen. Es war unvorstellbar, schrecklich, schrecklich, schrecklich. Schon auf dem Weg von der Schule nach Hause fürchtete ich ihre heruntergezogenen Mundwinkel zu Gesicht zu bekommen. Lachen konnte sie nicht. Über unserem Leben lag eine bedrückende Schwere. Ich hatte das Gefühl, mich nie von ihr befreien zu können. Eine nicht zu erklärende unvorstellbare Last, die jegliches Lebensgefühl dämpfte.

Als Kind war ich sehr einsam, als Lehrerstochter war man eh verpönt. Doch zunächst hieß es im Kindergarten: „Mit dir spielen wir nicht, du hast ja nicht mal einen Papa!" Was sollte ich darauf erwidern? Ich habe ja zunächst gar nicht gemerkt, dass alle einen Vater hatten, weil wir so abgeschirmt von allem lebten. Besonders schlimm war es dann in der Pubertät, durch meine Zurückhaltung hatte ich ganz andere Interessen entwickelt als all die Jugendlichen um mich herum. Ich habe sie einfach nicht verstanden und sie mich auch nicht. Dass ich Klassenbeste gewesen bin – und das mit aller Leichtigkeit – machte es nur noch schlimmer. Man vermutete den Streber in mir. Solche waren unbeliebt. Wenn ich mit schlechten Worten bedacht oder verprügelt wurde, erstaunte mich das nicht, war ich es doch von zu Hause gewohnt. Ich wusste nicht, wie ich mich wehren sollte, zog mich zurück in die Opferrolle, war dadurch noch mehr angreifbar. Schon zu jener Zeit beschlichen mich Selbstmordgedanken, hatte ich doch so gar keine Freude am Leben.

Und kein einziger Mensch in meiner Umgebung, mit dem ich hätte reden können. Ich muss schon über 18 gewesen sein, als ich einen ehemaligen Jungen aus meiner Klasse traf. Er machte mich drauf aufmerksam, wie ängstlich und zurückgezogen ich immer gewesen bin, so dass er sich schon in der Schulzeit um ich sorgte. In Gesprächen über meine Mutter begriff ich, dass nicht ich es bin, die nicht „normal" ist, sondern, dass meine Mutter psychiatrische Hilfe brauchte. Mit ihm konnte ich über meine Selbstverletzungen reden. Ich war da schon mit sieben Jahren reingerutscht, hatte mir die Haut von den Fußsohlen geschabt und geschnitten. Meine Mutter legte einen Verband an, überhäufte mich mit Verboten, kam als Pädagogin nicht auf die Idee, nach den Hintergründen zu suchen. Oder hat sie es verdrängt? Ich weiß es bis heute nicht. Später ritzte ich mich dann mit einem Messer oder anderen Gegenständen an Stellen, die man im Alltag nicht gleich sehen konnte.

Swen vertraute ich meine Versagensängste im ganzen Leben und vor allem beim Studium mit. Endlich nicht allein mit den ätzenden Gedanken, die sich in meinem Kopf wie ein nicht aufzuhaltendes Rad drehten. Es war so gut, darüber sprechen zu können. Das konnte ich dann allerdings bei meiner ersten psychotherapeutischen Therapie überhaupt nicht mehr. Nur schriftlich konnte ich mich mit dem Arzt austauschen. Klinik-Aufenthalte ein ständiges Hoch und Runter. Bis es mich dann ins Betreute Wohnen nach Rostock verschlug.

Psychiatrieerfahren nennt man das, wenn ein Mensch mehre Aufenthalte in diesen Einrichtungen verbringen musste. Selbst wenn ich einen Feind hätte, würde ich ihm dieses Erleben nicht wünschen. Was übrig bleibt, ist eine besondere Wahrnehmung für seelische Unebenheiten bei anderen Menschen. Das hat mich bis vor gar nicht langer Zeit eher geängstigt. Nach meiner Ausbildung als Genesungsbegleiterin kann ich diese Gabe bewusst nutzen. Nun – wo ich weiß, was ich möchte und kann – bin ich in der Lage, meine Erfahrungen weiterzugeben. Es ist nicht nur das Wissen um die psychischen Krankheiten und den Umgang mit solchen Patienten. Viel wichtiger ist, dass ich ihre Befindlichkeiten wahrnehmen und mich darauf einstellen kann. Bin ich nicht dazu in der Lage, gehe ich den Dingen aus dem Weg.

Und wenn ich das Gefühl habe, dass ich mit einem Verwirrten zusammen einen gangbaren Weg gefunden habe, macht mich das unsäglich froh.

Nadja – 40

Ich stelle mal meine Eltern und Großeltern vor:

Mein Vater

„Didi ist der Größte" – das waren die Worte meines Vaters und daran glaubte er auch.

Nachdem meine Eltern 1975 – kurz nach meiner Geburt – heirateten, zog mein Erzeuger mit in die Butze – eine Zweizimmerwohnung - meiner Mutter. Von da an ging und kam er, wann er wollte. Als Musiker war er nicht wie alle bürgerlichen Leute um uns herum an einen starren Zeitplan gewöhnt. Er war dem Alkohol verfallen. Häufig machte er sich einfach auf und kam besoffen wieder. Einer seiner Musikerkumpel, überredete ihn wegen seines ungewöhnlichen Verhaltens zu einer Therapie in der Nervenklinik.

In seinen manischen Phasen schien Dieter nächtelang nicht zu schlafen. Es kam vor, dass er Möbel zerschlug, die Anbauwand mit Geldscheinen tapezierte oder kostspielige Dinge kaufte, die keiner brauchte. Fiel er dann in die Depression, lag er tagelang rum, tat gar nichts, überhaupt nichts. In unserer Familie war er der Bestimmer – über alles. Er sagte meiner Mutter, wer ihre Freunde sein könnten, ob sie ins Kino oder woandershin gehen durfte, wie sie ihre Freizeit zu planen hatte. Mitbekommen hat das keiner, nach außen hin sah es bei uns aus wie heile Welt. Wenn andere Kinder zu Besuch waren, spielte er den lieben Papa. Die Jungens und Mädchen fanden seine Sprüche cool, beneideten mich um diesen lustigen Vater. Mir passte das alles nicht, die unordentliche Wohnung und dass er so einen Quatsch redete. Unser gemeinsames kleines Zuhause machte er zu seiner Werkstatt. Die Küche war sein Musik-Studio. Ich schlief mit meiner Mutter im Ehebett. Zum Schularbeiten machen musste ich mir ein ruhiges Plätzchen suchen. Ein Fremder wäre nicht auf die Idee gekommen, dass in diesen Räumen ein Kind wohnen könnte. Meine Mutter war für ihn eine Putze – mehr nicht. Er bezeichnete sie als Schlampe, bestätigte ihr ein Spatzenhirn. Passte ihm etwas nicht, flogen Gegenstände, hin und wieder bezog meine Mutter auch Prügel bei Kleinigkeiten, die Dieter nicht gefielen, wenn er besoffen war.

Nach dem Klinikaufenthalt wurde es besser mit ihm. Er war nach einigen Experimenten medikamentös eingestellt worden. Allerdings sah er seine Krankheit auch als Freifahrtschein. Wer sich ihm nicht gnadenlos unterwarf, mit dem fing er Streit an. Er konnte sich einfach nicht sozial arrangieren. Deswegen ist er aus mehreren Bands rausgeflogen.

Penibel achtete ich darauf, dass er abends die verschriebenen Schlaftabletten nahm, denn dann war endlich Ruhe. Ich genoss das Gefühl, nicht ständig auf der Hut zu sein, Angst haben zu müssen, dass er meiner Mutter etwas antut. Mein Vater litt nicht unter sich selbst – die anderen litten unter ihm.

Meine Mutter

Meine Mutter war ein das älteste Kind von drei Geschwistern. Sie absolvierte eine Ausbildung zum Ingenieur für Meliorationswesen, mein Vater auch, aber er wurde exmatrikuliert, später sollte er Berufsmusiker werden. Als sie von ihm geschwängert wurde, war für ihre Eltern klar: „Der wird geheiratet!". Sie beugte sich dem Druck, nach der Geburt fand die Hochzeit statt. Von meinem Vater wurde meine Mutter wie der letzte Dreck behandelt. Ständig führte er ihr ihre Dummheit – aus seiner Sicht – und ihre Wertlosigkeit in groben Worten vor Augen. Wenn ihm etwas nicht passte, warf er mit Gegenständen nach ihr. Über eine Trennung dachte meine Mutter wohl nach, hatte aber nicht den Mut, über das Thema zu reden. Dieter hatte ihr klargemacht, dass er sie totschlägt, wenn sie ausziehen sollte. Als ich dann älter wurde, bat sie mich oft, zu bleiben, nicht auszuziehen. Sie hatte regelrecht Angst, dass sie von dem Monster totgeschlagen wird. Eines habe ich mir die ganze Zeit geschworen: Ich will nie so leben wie meine Mutter. In den Fällen, wo wir nicht weiter wussten, war uns die Ärztin meines Vaters – Frau Dr. W. – eine aufopferungsvolle Stütze. Sie war ständig zu erreichen. Meine Mutter hat den Kontakt als große Hilfe wahrgenommen. Vor allem dann, wenn bei uns bedrohliche Szenen abliefen.

Meine Oma mütterlicherseits

Zunächst konnte ich das Geschehen in unserem Haushalt gar nicht richtig einordnen. Hinzu kam, dass bei meinen Freunden ähnliche Verhältnisse anzutreffen waren, es fiel also gar nicht auf, dass bei uns etwas nicht stimmte. Meine Oma war wie eine Ersatzmutter für mich, ich verbrachte sehr viel Zeit bei ihr. „Du hast bei Oma ein Zimmer", hieß es immer wieder, wenn ich mich beschwerte, dass ich nicht einen kleinen Ort für mich allein zu Hause hatte. Dieter legte alles aber auch alles in Beschlag.

Von meiner Oma wurde meine Mutter wie eine Putzsklavin gehalten. Der Wert, der ihr zugemessen wurde, war abhängig davon, wie toll sie geputzt hatte. Manchmal hatte ich den Eindruck – besonders in meiner Jugendzeit - dass meine Erziehungsberechtigte einen gewissen Neid gegen mich hegte, weil ich von den anderen Familienmitgliedern mit anderen Maßstäben gemessen wurde.

Meine Großeltern väterlicherseits

Bei ihnen konnte mein Vater machen, was er wollte. So führte er sich dann auch in unserer kleinen Familie auf. Bei seinen Eltern wurde sein Benehmen verdrängt und unter den Teppich gekehrt. Gesellschaftlich gesehen lebte er wie in zwei Welten. Bei seinen Eltern gab es kein Westfernsehen. Es war eine richtige ostdeutsche Parteifamilie. Vater und

Mutter waren natürlich schockiert, als er nach dem Westen abhaute, dann aber nicht gerade reumütig zurückkehrte.

Bis 18 blieb ich in der Zweizimmerwohnung, schlief als Jugendliche auf dem Sofa inmitten lauten Gedröhns und Zigarettenqualm. Ich hatte einfach kein Geld, um auszuziehen. Dann steckte mir mein Opa Geldscheine in die Hand mit der Aufforderung: „Hier, es wird Zeit, dass du dir eine eigene Wohnung einrichtest." Auch er war Alkoholiker, das nur nebenbei, und der geizigste Mensch, den ich kannte. Meine Not muss sehr groß gewesen sein, sonst hätte Opa sie nicht erkannt.

Nadja - Ich

Wie die Laune des Alten war, das bestimmte meinen ganzen Tag. Noch heute bin ich extrem sensibel für Stimmungen, die im Raum herrschen, egal wo ich hinkomme. Ich hasse Pulverfass- Stimmungen, wenn ich in so eine Atmosphäre komme, haue ich einfach ab. Ich kann nicht anders, wenn ich spüre, dass hier gleich der Deckel abfliegt.

Durchaus behaupte ich mit Recht: Mir wurde meine Kindheit gestohlen. Die Ausfälle meines Erzeugers waren nicht planbar. Ständig war ich auf der Hut, konnte nachts nicht fest schlafen, weil ich Angst hatte, mein Vater würde meine Mutter wegen Kleinigkeiten angreifen. Sein Künstlerdasein lebte mein Vater nachts bei hoher Lautstärke aus. Noch heute habe ich einen sehr leichten Schlaf und meine alles um mich herum kontrollieren zu müssen. Ich fühlte mich zu dieser Zeit wie ein Schultertier, zu Hause war ich für fast alles im Haushalt verantwortlich. Meine Mutter gebärdete sich wie ein kleines Mädchen in einem entwickelten Frauenkörper. Es kam mir vor, als wenn sie nur aus Angst bestünde, gnadenlos unterwarf sie sich ihrem Peiniger. Stets litt ich in meiner Abwesenheit von zu Hause unter dem Gefühl, dass ich meine Mutter vor den Grobheiten meines Vaters nicht beschützen kann, gab mir die Schuld, wenn es mal wieder zu Übergriffen gekommen war. Mein Verantwortungsgefühl musste sich schon im frühen Kindesalter entwickeln.

Meine beiden Opas und mein Vater waren Säufer. Für mich stand hinter dem Wort Mann das Wort Säufer. Und davor hatte ich Angst, so hat mich meine Kindheit geprägt. Alles was in ein Beziehungsrichtung lief, machte mich generell misstrauisch, so dass ich immer wieder zu dem Schluss kam: „Ich komme auch allein klar." Ein Partner wäre für mich belastend gewesen. Einen Lebensentwurf oder so etwas hatte ich nicht. Die Hauptsache war für mich, dass es zu Hause ruhig zuging. Es hat lange gedauert, bis ich zu einem Leben zu zweit imstande war. Ich brauche viel Wertschätzung. Das Reden fällt mir schwer. Immer wieder stoße ich denjenigen, der bereit ist, mir alles zu geben, vor den Kopf. Ich werde so richtig eklig zu ihm. Wie in einem Muster verhaftet treffe ich immer wieder auf solche Dallerheinis wie mein Vater. Ich ziehe den Typ große Jungs und nicht gestandene Männer regelrecht an. Eine langjährige Beziehung brachte mich zu der Erfahrung: zu zweit das geht für mich nicht, ich muss mein Eigenes haben, kann nicht Tag und Nacht mit jemanden zusammen sein. Dann komme ich in so ein Dauerschweigen rein. Ich weiß, dass ich mich damit selbst unglücklich mache. Ich kann nicht anders. Dazu kommt dann noch die Furcht, verlassen zu werden, ein Karussell, aus dem man nicht rauszukommen glaubt.

Nach einem Burnout, als ich meinen langjährigen Freund verließ, konnte ich auf mein sicheres soziales Umfeld zurückgreifen, Halt und Anerkennung finden. Ganz wichtig war für mich meine beste Freundin, so eine wie jeder sie haben sollte, nicht nur als Klagemauer, sondern eine, die auch mal Wahrheiten deutlich ausspricht.

Jetzt habe ich einen Partner. Wir verstehen uns gut, das macht mich froh. Wir vermeiden es aus Erfahrung, zu sehr aufeinander zu hocken.

Beruflich wusste ich zunächst überhaupt nicht, was ich werden wollte. Meine Mutter hat eine Bewerbung für mich an eine Fachschule in Güstrow geschickt. Und siehe da, ich wurde angenommen. Z.Z arbeite ich beim Finanzamt. „Finanzamt bis zur Rente?" habe ich mich gefragt. Nein. Was sonst, was interessiert dich? Verhaltensforschung das ist doch was. Erst sollten es Tiere sein dann wurden es aber Menschen. Ich wollte und will unbedingt wissen

"Warum habe ich solche Angst vor den Gespenstern in meinem Leben? Was tut sich da in meinem Kopf und in den Köpfen der anderen Menschen? Wie reagiert man auf soziale und politische Einflüsse? Welche Rolle spielen Gene und wie wirkt sich die Herkunft auf meine Entwicklung aus?"

Ein vierjähriges Fernstudium in der Fachrichtung Psychologie brachte mir neue Erkenntnisse, lässt mich heute in anderen Kategorien denken. Gerade habe ich meine Abschlussarbeit geschrieben. Ich bin dabei, mir ein neues Betätigungsfeld zu suchen.

Nora – 19

„Psychische Krankheiten, so etwas gibt es doch gar nicht, das ist doch alles nur Spinnerei!" Das ist ein oft genannter Spruch meiner Mutter, den ich schon in sehr jungen Jahren hören musste, weil ich nicht immer ein so normales Verhalten wie andere Kinder an den Tag legte. Es wurde einfach unter den Tisch gekehrt, dass Onkel Michael spielsüchtig, Tante Kristin kaufsüchtig war. Und dass der Alkohol jederzeit bei uns in Strömen floss, das war ja bei anderen auch so, darüber musste man sich doch keinen Kopf machen. Es war absolut kein Geheimnis, dass mein Vater tagtäglich besoffen gewesen ist. Im Gegenteil es war eine Gewohnheit. Das mit dem Rumhuren wussten auch alle. Als dann aber eine Rechnung von der Sex-Hotline über 200,00 € kam, gab es Krach und Vater musste für längere Zeit im Keller schlafen. Also ging ich den gleichen Weg und fing schon sehr zeitig mit dem Alkohol und dann auch mit den Drogen an. Meine Mutter interessierte sich kaum für mich, eher für meine vier Jahre ältere Schwester. Eindeutig wurde Nicole von ihr bevorzugt. Ständig wurde sie fotografiert, weil sie ja so niedlich war. Fotos von mir wurden gar nicht erst zum Entwickeln gebracht. Als ich eine Kiste mit solchen unentwickelten Filmen fand, hat mich das sehr gekränkt und mein Selbstwertgefühl in den Keller sinken lassen. Dabei habe ich um die Liebe meiner Mutter gebettelt und sie manchmal provoziert, nur um Aufmerksamkeit zu bekommen.

Es war, als wäre ich gar nicht da. Sie war völlig gleichgültig mir gegenüber. Es war ihr auch scheißegal wie lange und was ich mir im Fernsehen anschaute. Oft habe ich bis nachts um 3.00 Uhr ganz schlimme Horrorfilme geschaut. Diese Gewaltbereitschaft – Organe wurden den Menschen herausgerissen – verursachten Angststörungen in mir. Bevor ich dann endlich schlafen ging, schaute ich nach, ob sich kein Monster unter meinem Bett oder im Schrank versteckt hatte. Völlig verängstigt kam ich nur schlecht zur Ruhe.

Wenn ich sagte: "Ich gehe raus", wurde nie gefragt, wo ich den hingehen würde. Also kam und ging ich wann ich wollte. Teilweise fand ich mich ich erst gegen Morgen wieder ein. Wenn ich die Schule schwänzte, fiel das zu Hause nicht auf. Es schien sich niemand für mich verantwortlich zu fühlen. Grenzen in irgendeine Richtung wurden mir nie gesetzt, deshalb habe ich nicht gelernt, damit umzugehen. Meiner Mutter war gar nicht aufgefallen, in welchen Strudel ich da geraten war Es zog mich zu älteren Jugendlichen hin. Sie steckten schon mitten in der Sucht und ihnen war es absolut egal, dass ich erst 14 gewesen bin.

Meine einzige Freundin war Kerstin aus dem Nachbardorf. Sie lebte in einem ähnlichen Elternhaus. Da meine Mutter nach der Trennung von ihrem Mann jedes Wochenende verschwand, war Kerstin an diesen Tage oft bei uns. Ihre Eltern ahnten nicht, dass bei uns kein erwachsener Mensch zu

Hause war. Die erste Zeit kochte meine Mutter uns etwas, bevor sie sich von dannen machte. Später aßen wir Konserven und Fertiggerichte. Wir fanden das cool, keiner, der uns was zu sagen hatte oder gar mit uns rummeckerte. Es ist auch nichts weiter passiert, wir habe einfach nur das getan, was uns Spaß machte. Irgendwann kriegten die Eltern meiner Freundin mit, dass wir immer allein waren. Dann durfte meine Freundin mich nicht mehr besuchen. Das hat mich sehr traurig gemacht.

Meine Schwester Nicole war schon mit 16 ausgezogen.

Eines Tages wachte ich auf und kein Stoff war im Haus. So fast nüchtern erschrak ich vor mir selbst: ekelig riechend, statt Makeup tief schwarze Augenringe, Kotze in den Haaren. Diese Wahrheit hat mich fast erschlagen. Ich kam auf die Idee, mich selbst in die psychiatrische Klinik einzuweisen. Die Reaktion meiner Mutter: So ein Quatsch, kotz dich aus und dann geh schlafen.

Sie hat meinen deutlichen Hilfeschrei nicht angenommen, konnte mich nicht verstehen. Mein Stiefvater weinte. Er war der Meinung, dass meine Mutter nicht mit mir klar käme und mich nicht erzogen kriegt. Dann brachte er mich in die Nervenklinik. Später besuchte er mich dort mit Mama. Sie schaute jedoch immer nur auf die Uhr, wollte so schnell wie möglich von dem eigenartigen Ort weg, nach Hause, wo sie ihre Ruhe hatte. Die Ereignisse haben sie nicht erreicht. Sie fragte nur, ob sie mich wieder mitnehmen könnte. Noch sehr lange blieb ich in der Psychiatrie und kam dort zu der Auffassung, dass ich mein Leben ändern müsste. Nach der Klinik kam ich für sechs Monate in ein Heim für Jugendliche in Jarmen. Dort stellte man fest, dass ich nicht in der Lage bin, meine Probleme gefühlsmäßig zu bearbeiten. In dieser Einrichtung konnte ich unter Anleitung viele Ungereimtheiten meines Lebens aufarbeiten. Es kam dann auch das mit dem Ritzen zur Sprache. Wenn ich meinte unter all der Anspannung in unserer Familie verrückt zu werden, nahm ich einen spitzen Gegenstand und ritze mich ganz heftig in die Haut, bis das Blut kam. Das gab mir das Gefühl, lebendig zu sein. Als meine Mutter mir diese Prozeduren verbot – ohne sich über die Ursache Gedanken zu machen – sagte ich ihr, dass ich mich stattdessen eben aus dem Fenster stürzen würde. Sie meint nur, ob sie mir das Fenster aufhalten solle.

Und dann lief mir das Glück in der Person Ulf über den Weg. Nein, eigentlich schlich er sich in mein Ohr. Er ist zwei Jahre älter als ich. Wir kannten uns vom Sehen, er verkehrte in den gleichen Gruppen wie ich. Irgendwann tauschten wir die Telefonnummern aus. Eine Woche lang telefonierten wir täglich sehr lange. Da er in ähnlichen Familienverhältnissen wie ich lebte, hatten wir vielschichtige Themen. Endlich interessierte sich jemand für mich und war für mich da. Wir beschlossen, das Wochenende bei mir zu verbringen. Bevor meine Mutter davon segelte, stellte ich ihr den jungen Mann vor, den ich ja selbst kaum kannte. Sie meinte, er sei ihn in Ordnung, weiteren Fragen kamen nicht. Damals fand ich das cool. Aber später habe ich darüber nachgedacht, was alles mit dem fremden Jungen hätte passieren können. Meine Mutter hat mich in keiner Weise gewarnt oder gar geschützt. Sie wollte nur schnell zu ihrem eigenen Vergnügen.

Ulf liebt mich, dieser Gedanke gab mir Kraft, wenn es mal wieder gar nicht mehr weitergehen wollte in meinem noch so kleinen Leben. Er war wie eine Insel im Meer für mich. Seine ständige Aufmerksamkeit ehrte mich, ließ mich stark werden. Schon fühlte ich mich nicht mehr hässlich und den anderen unterlegen. Außerdem war da einer, der mich beschützte.

Diese Beziehung tut uns beiden gut. Auch Ulf wurde ausgeglichener, weniger aggressiv. Wir konnten über alles miteinander sprechen, er vertraute mir sogar an, was in seinen schizophrenen Schüben mit ihm passiert. Ich habe mir viel Literatur zu dieser Krankheit besorgt, mich kundig gemacht. Wenn er mit mir über das Geschehen in seinem Kopf reden kann, ist es weniger schwer für ihn. Jetzt sind wir gerade dabei, sein Leben in Ordnung zu bringen. Er hat bisher viele negative Erfahrungen machen müssen. Aus einer Großfamilie im tiefen Mecklenburg kommend baute er einen Scheiß nach dem anderen, landete zunächst im Jugendwerkhof und dann im Knast. Ich laufe mit ihm von Amt zu Amt. Allein hat er das bisher nicht geschafft.

Langsam kommen wir voran, das gibt uns Hoffnung, irgendwann ein ganz normales Leben führen zu können. Wenn ich nicht ähnliche Lebensabschnitte durchlaufen hätte, könnte ich ihm nicht eine so verständnisvolle Hilfe sein. Das ist ein tolles Gefühl für mich, für jemanden da zu sein, gemeinsam voranzukommen.

Und mit meiner kleinen Freundin Cecilia hätte ich nicht ein so schönes warmes Verhältnis, wenn ich nicht durchgemacht hätte, was ihr gerade widerfährt. Cecilia ist mein „Kind". Ich lernte sie bei meiner ehrenamtlichen Arbeit im Club in der Theatergruppe kennen. Ich bin geradezu dünnhäutig, wenn mir Kinder begegnen, die das erleben müssen, was mir widerfahren ist. Ein blauer Fleck am Arm des Mädchens erregte meine Aufmerksamkeit. Im Gespräch stellte sich heraus, was ich vermutet hatte: Sie hat kein gutes Elternhaus. Der Vater arbeitet im Ausland. Für die Mutter ist die Zwölfjährige so gut wie nicht da. Cecilia erhält weder Zuwendung noch Aufmerksamkeit, gelegentlich jedoch Schläge. Nun kümmere ich mich um sie. Es wärmte mir das Herz, als sie mir zu Weihnachten ein Geschenk gebastelt und „Mama" darauf geschrieben hat. Oft ist und isst sie hier bei uns. Wir machen zusammen Hausaufgaben, unternehmen etwas. Wichtig sind unsere wirklich ernsthaften Gespräche. Wir reden darüber, warum sie lügt, wie sie ihre schulischen Leistungen verbessern kann oder über ihre Freundschaften. Ich erkläre ihr meine psychische Krankheit. Und vor allem beschäftigen wir uns mit all den Dingen, die für Mädchen in ihrem Alter wichtig sind, wofür sie sonst keinen zum Reden hat. Der Mutter ist unsere Freundschaft egal. Sie weiß zwar, wer ich bin, spricht mich aber nie an. Am meisten habe ich mich gefreut, als Cecilia nach einer gelungenen Theatervorstellung von der Bühne stolz zuerst zu mir in die Publikumsreihe kam, obwohl ihre Mutter hinter mir saß.

Peter – 34

Als meine Eltern sich getrennt haben, war ich erst drei Jahre alt. Ich kann mich also an die Zeit des Zusammenlebens überhaupt nicht erinnern. Hin und wieder ist mein Erzeuger dann zu meinem Geburtstag mit einem riesigen Geschenk aufgetaucht. Das war auch bald vorbei. Wir sahen uns nicht mehr. Er hat dann später eine neue Frau mit Kind kennengelernt. Das Mädchen hat er adoptiert. Ich werde mein eventuelles Erbe also teilen müssen. Viel hat mir meine Mutter nicht über ihren geschiedenen Mann erzählt, ich weiß kaum etwas über ihn. Eigentlich hat mich das gar nicht interessiert. Von jemandem, dem es egal ist, was er für einen Sohn hat, will ich nichts wissen. So ist es noch heute. Nun gut, ich bin jetzt 34, da braucht man keinen Vater mehr. Als kleiner Junge habe ich mir sehnlichst einen gewünscht. Es wäre sicherlich schön und auch gut für mich gewesen, über lange Zeit eine feste männliche Bezugsperson zu haben. Die Lebenspartner meiner Mutter wechselten zu häufig, als dass ich von einem Vaterersatz sprechen konnte. Zu Bernd, mit dem hatte sie eine längere Beziehung und danach wohl auch immer Mal wieder ein Tächtelmächtel, habe ich heute noch Kontakt, allerdings recht oberflächlichen. Er hat mir am meisten imponiert, weil er immer zu dem gestanden hat, was er gesagt hat. Gut, er ist nun schon zwanzig Jahre arbeitslos, verdient sein Geld mit Gelegenheitsarbeiten und Flohmarktverkäufen, das kann nicht gerade ein Vorbild sein. Seine menschliche und unkomplizierte Art hat mich angezogen. Er hat mich eher akzeptiert wie ein Freund nicht so als Erzieher. Noch heute schwatzen wir ausgiebig, wenn wir uns treffen.

Als ich kleiner war, habe ich das ja mit den Liebhabern meiner Mutter nicht so richtig mitbekommen. Sie war für mich da, das war in erster Linie für mich wichtig. Ich hatte nicht das Gefühl, dass ihr einer der Verehrer wesentlich wichtiger war als ich, deswegen brauchte ich auch nicht eifersüchtig zu sein. Ich hatte den Eindruck, das wären so Übergangspersonen, die nie richtig Fuß fassten in unserer kleinen Familie.

Mir wurde ziemlich zeitig eine gewisse Selbständigkeit anerzogen. Ich glaube das war bei Kindern alleinstehender Mütter ausgeprägter, weil ja nur einer zum Aufpassen da war. Meine Erziehungsberechtigte war ziemlich locker. Ich erinnere mich nicht mehr genau, ob sie über Gefahren nicht nachdachte oder ob es sie nicht gab. Es war üblich, dass die Jungen und Mädchen früh zu Fuß in den Frühhort gingen, weil die Mütter ja ebenfalls um 7.00 Uhr in ihrem Betrieb sein mussten. Ich bin also die zehn Minuten jeden Morgen von der Unteren Straße bis zur Goetheschule gelaufen. Passiert ist nie was. Ich vertrödelte mich höchstens, wenn unterwegs Mitschüler traf. Man musste sehr früh raus aus dem Bett. Wir wurden dann aber vor Unterrichtsbeginn vernünftig beschäftigt. Dort habe ich zum Beispiel Schach spielen gelernt. Von den Jungen Pionieren ist mir außer „Seid bereit – immer bereit" sowie der Fahnenappell und das weiße Hemd mit dem blauen Pionierhalstuch – was keiner tragen wollte und bösartig sogar als „Lappen" bezeichnet wurde – nicht viel in Erinnerung geblieben. Meine Mutter schwamm nicht so sehr auf der Sozialismuswelle. Mit Diskussionen zu diesem Thema verschonte sie mich, wollte mich wohl nicht in Schwierigkeiten bringen, mir Ärger in der Schule ersparen. Ich hatte schon damals eine große Fresse und wer weiß, was ich alles rausgehauen hätte, wenn sie mit mir über staatsfeindliche Parolen gesprochen hätte. Nach außen hin hat sich Barbara nicht gerade aufmüpfig verhalten. Hat sich wohl den ganzen Mist angehört und sich nicht weiter dazu geäußert, so machten es doch die meisten.

Meine Mutter verliebte sich schnell und war dann gleich bereit, zusammenzuziehen (wohlbemerkt in ihre Wohnung), worüber die jeweiligen Männer bei der herrschenden Wohnungsnot hocherfreut waren. Wenn sich die Parteien dann trennen wollten, war es schwierig, den männlichen Mitbewohner wieder loszuwerden. Einen hatten wir mal, der schlug schnell zu, wenn er etwas getrunken hatte. Heulend kam Mutti zu mir ins Bett gekrochen und versuchte am nächsten Tag am Strand ihre blauen Flecken zu verstecken. Nicht immer waren es die bösen Männer, wenn es zum Streit kam. War meine Mutter - wie so oft - betrunken, provozierte sie die Herren auf so eine fiese Art und Weise, dass sie gar nicht anders konnten, als sich körperlich zu wehren. Mit den Worten war sie ihren Gegnern immer haushoch überlegen. Ihre Giftpfeile trafen genau und oft unterhalb der Gürtellinie.

Wenn ich es jetzt nachvollziehe, fing es zu dieser Zeit mit dem Trinken an. Als kleiner Junge habe ich das zunächst nicht so registriert. Ich entsinne mich, dass kaum einer unserer Bekannten dem Alkohol abhold war. Irgendwie stand immer – zumindest abends – eine Flasche auf dem Tisch. Das war wohl der Anfang eines Weges zur Sucht. Zunächst funktionierte meine Mutter. Sie vernachlässigte mich nicht und ließ sich nichts zu Schulden kommen. Wenn ich an ihrer Aussprache, ihrem Gesichtsausdruck und ihrer Gangart merkte, dass sie etwas intus hatte, bemühte ich mich, aufzupassen, dass es nicht immer mehr wurde. Diesen Zustand kannte ich von meinem Großvater, der zeitweilig diesem Gift verfallen war.

Unsere Wohnungen wurden immer kleiner, das kam so: Die Freunde meiner Mutter zogen zu uns, dann kriegten wir sie wegen der bestehenden Wohnungsnot und weil Barbara sich nicht durchsetzen konnte, nicht wieder raus. Also tauschten wir die schöne große Wohnung in der Unteren Straße in eine kleinere am Postplatz, parterre mit Terrasse und Garten, eher ungewöhnlich in den Achtzigern in der DDR. Wieder zog eine Liebschaft bei uns ein, wieder Wohnungstausch nach erfolgter Trennung wegen des sich ständig erhöhenden Alkoholverbrauchs meiner Erziehungsberechtigten.

Diesmal war es eine große Wohnung gegen zwei kleine. Wir landeten in einer Zweizimmerwohnung im Altneubau. Die Scheiße an dieser ganzen Umzieherei war: Ich musste jedes Mal die Schule wechseln, mich an neue Lehrer und Klassenkameraden gewöhnen, mir andere Freunde suchen. Mag sein, dass es mir deshalb nicht schwerfällt, mich in wechselnde soziale Situation einzuleben. So hatte das Ganze etwas Positives. Allerdings kommt daher auch meine Sprunghaftigkeit und Unbeständigkeit, was fast schon an eine Krankheit grenzt.

1986 zogen wir nach Berlin – natürlich Ost. Meine Mutter hatte dort einen Job in der ersten Partnervermittlung der DDR bekommen, in der Reiterstraße. Das neue Leben hat ihr unheimlich viel Spaß gemacht. Ein gutes Gehalt gab es auch. Wie das mit dem Geld bei uns war, weiß ich nicht mehr. Es war immer welches da. Allerdings habe ich mich manchmal gewundert, wie sie die vielen Flaschen finanzierte. Sicherlich haben die Großeltern ihr ab und zu was gegeben, könnte ich mir vorstellen. Zu mir waren sie ja auch sehr großzügig. So hat sich Barbara als einziges Kind aber immer wieder abhängig gemacht und muss sich noch heute in ihr Leben reinreden lassen.

Der erste Lebensgefährte in Berlin hieß Walter und war so ein ganz Pingeliger. Er brachte es fertig, stundenlang Staub zu saugen. Irgendwie war der eigenartig, von Minderwertigkeitskomplexen befallen. Es konnte vorkommen, dass er mich nachts aus dem Bett als Zeuge seiner Streitigkeiten mit meiner Mutter holte, die gar nichts mehr mitbekam. Diesen Tick hatte er von seiner Stasi-Tätigkeit. Sein Hobby war die Elektronik, immerzu wollte er mir diese Kacke beibringen, die mich nicht im Geringsten interessierte. Irgendwann fing ich an, ihn zu provozieren. Da wandte er sich seinen Kindern aus erster Ehe zu. Es spielte sich immer gleich ab, erst buhlten die neuen Partner meiner Mutter um mich, dann wurde ich ihnen von Tag zu Tag gleichgültiger. Eifersüchtig war ich nie auf diese Männer, dazu war das Band zwischen Mutter und Sohn zu eng. Sie wollte so gern eine gute Erziehungsberechtigte sein. Oft ist es ihr nicht gelungen, weil der Spaß im Vordergrund stand. Sie war meine Vertraute. Mit ihr konnte ich ganz offen über alles reden. Hin und wieder jedoch war sie einfach unerreichbar, das war dann, wenn sie sich zugeschüttet hatte. Das war inzwischen jeden Tag so. Je älter ich wurde, umso mehr hatte ich das Gefühl, sie beschützen zu müssen. Das war der Anfang meiner kontinuierlichen Kraftarbeit mit Gewichten. Ich bin nicht sehr groß, aber ich wollte stark sein und so aussehen. Egal welchen Mist ich mal wieder gemacht hatte, meine Mutter stand immer zu mir und hat mir aus den schwierigsten Situationen herausgeholfen. Es gab schon Sachen, mit denen ich nicht zu Opa und Oma gehen konnte, weil sie einfach eine andere Generation waren, andere Maßstäbe hatten. Das mit meiner Insolvenz hätten sie zum Beispiel gar nicht verstanden. Stets machten sie sich Sorgen, weil sie Angst hatten, ich könnte untergehen.

Die Eltern meines Vaters habe ich nicht gesehen, jedenfalls nicht bewusst. Meine Großmutter väterlicherseits wollte vom Tag der Scheidung meiner Eltern nichts mehr von mir wissen. Komisch, ich bin doch trotzdem ihr Enkelkind geblieben. Umso eine engere Bindung hatte ich zu der anderen Oma und dem anderen Opa. Da ich mit Mutti allein war – jedenfalls meistens – gehörten die beiden Alten einfach zur Familie. Sie haben mich nicht nur eingehütet, sondern mir auch die Welkt erklärt. Opa zum Beispiel hat mir die Uhr beigebracht. Meine Mutter stellte mich dort nicht nur ab, sie kam häufig mit in den Schrebergarten. Zusammen erledigten wir die anstehenden Gartenarbeiten. Ich habe das sehr gern gemacht. Nicht ohne Grund wohne ich jetzt in einer schönen Dachterrassen-Wohnung am Rand von Dresden. Es sind nur einige Minuten mit dem Fahrrad zu der Oase meiner Großeltern. Sie sind ja inzwischen schon Anfang 70 und freuen sich über meine tatkräftige Hilfe. Mit meiner Mutter liegen sie häufig im Streit. Durch ihre Trunksucht ist sie oft unzuverlässig. Bei Oma und Opa wurde schon immer alles minutiös geplant. Mutter fand das schrecklich. Sie ist eher ein lockerer Typ. Wenn sie ihre Sechs-Tage-Rennen antritt (so ist ihre eigene Bezeichnung für ihre Sauftouren), ist sie kaum erreichbar. Bewundernswerterweise war sie ja nach einer Therapie in einer Suchtklinik mehrere Jahre trocken. Wegen einer langwierigen Rückenoperation kündigte ihr Chef die von ihr geliebte Arbeit. Das hat ihr das Genick gebrochen. Fortan hing sie wieder an der Flasche. Ich kann sie deswegen nicht verdammen. In meiner Berliner Zeit - kurz nach der Wende - war ich dem Koks verfallen und habe, um das Zeug zu besorgen, viel Blödsinn gemacht. Ich habe es allein geschafft, da heraus zu kommen. Seitdem mache ich viel Krafttraining und bin mit meinem Körper zufrieden. Jeden Tag fahre ich mit dem Fahrrad zur Arbeit.

Mutter hat sich mehreren Therapien unterzogen, danach ging es immer eine Weile gut. Eine Freundin von ihr sagt immer „Die Halbtrockene".

Direkt geschadet hat mir die Abhängigkeit meiner Mutter nicht. Ich habe frühzeitig gelernt, mit solchen Menschen umzugehen und sie wegen ihrer Sucht nicht zu verachten, wie es die meisten Leute tun. Hin und wieder ist es mir sogar gelungen, Trinker zur Einsicht zu bringen. Aber vielleicht waren das nur Alkohol-Missbräuchler und keine Suchtabhängigen.

Aber eines ist sicher, mich hat es davon abgehalten, zur Flasche zu greifen.

Reiner – 48

„Ihm gehört jetzt eine Tracht Prügel!" Das war der Spruch meines Vaters, wenn mal wieder etwas mit mir schief gelaufen war. Irgendein Grund fand sich doch immer, entweder war ich nicht pünktlich zum Essen da, hatte eine Schulnote verhagelt oder ich hatte die Schule geschwänzt. Er prügelte mit allem auf mich ein, was in Reichweite zu finden war Gürtel, Kleiderbügel und andere Gegenstände. Häufig warf er sie anschließend noch nach meiner Mutter, wenn sie in der Nähe war. Nach außen merkte keiner etwas. Soziale Kontakte gab es kaum. Es wurde heile Welt gespielt. Bei drei bis vier Familienfeiern im Jahr entstand keine große Nähe. Mein Opa väterlicherseits soll auch dem Alkohol verfallen gewesen sein. Die Großeltern starben früh, die Verwandtschaft war klein. Mein Vater war ein angesehener Bürger, der zu gesellschaftlichen Anlässen sein Bierchen trank. Er hatte oft Gelegenheit dazu, weil er in vielen Gremien war. Tagsüber an seinem Arbeitsort, dem Gaswerk, konnte er es sich nicht erlauben, Alkohol zu sich zu nehmen. Eine Kontrolle im Auto am späten Abend durch die Polizei zog nichts nach sich, man kannte sich ja …

Meine Geschwister waren älter als ich, ich war das Nesthäkchen, deswegen bekamen sie von der Trunkenheit und der Tablettensucht meiner Mutter gar nicht so viel mit. Sie wohnten damals schon in ihren eigenen Wohnungen, es gab wenig Berührungspunkte zwischen uns Geschwistern.

Meine Mutter war tagsüber ziemlich lethargisch, mir fiel das nicht besonders auf, weil es immer so gewesen ist. Häufig nahm sie Medikamente. Bei Nachfrage behauptete sie, dass es Abführpillen wären. Ich habe ihr das abgenommen. Erst bei ihrem Zusammenbruch, als ich zwölf gewesen bin, bekam ich mit, dass sie Valium, also Beruhigungstabletten, nahm. Bevor mein Vater abends aus der Kneipe kam, schluckte sie sich vollkommen zu, sie schlief nur noch. Sie war dann kaum noch in der Lage, zu sprechen. So musste sie das nicht ertragen, was Vater ihr sonst antat, wenn er im Rausch die Wohnung betrat. Im Laufe der Zeit entwickelte ich feine Antennen für ihre Befindlichkeiten und wusste genau einzuordnen in welchem Stadium sie sich befand. So oft wie möglich begab ich mich außer Reichweite, um nicht wieder Prügel zu beziehen. Das Wegbeamen mittels Tabletten war dir Flucht meiner Mutter. Kraft, sich zu wehren, besaß sie nicht. Mein Vater war ein Tyrann, dominant, stur, herrschsüchtig, rechthaberisch. Er prügelte auf mich ein, dazu musste es nicht unbedingt einen Grund geben. Es reichte, dass sie da war und nicht wagte zu widersprechen. Als Ernährer und Versorger der Familie, meinte er, ihm stünde dieses Recht zu.

Meine Mutter war ein Flüchtlingskind aus Danzig. Sie arbeitete in dem Beruf einer Hauswirtschaftlerin, wurde dann aber vom Fleck weg geheiratet. Ihr eigenes Geld hat sie nie verdient. Sie meinte, die Quälereien ertragen zu müssen, bis alle Kinder ausgezogen sind. Um es vorweg zu nehmen, so hat sie es dann auch gehalten. Wie oft habe ich ihr - und das schon während meiner Pubertätsphase - gesagt: „Verlass den Arsch". Es war ihr einfach nicht möglich, bevor alle ihre Kinder aus dem Haus waren. Sie fühlte eine große Verantwortung für uns.

Schon mit zwölf fing das mit dem Schulschwänzen an. Ich ging zwar aus dem Haus, bewegte mich aber sofort in Richtung Bahnhofskneipe. Dort befanden sich Flipper, mit denen man das Glücksspiel betreiben konnte. Schnell wurde ich von den Spielern akzeptiert, weil ich kleine Hilfsdienste wie Geld wechseln übernahm. Hin und wieder sprangen auch ein paar Münzen für mich dabei heraus. Ich habe sie gleich wieder zum Einsatz gebracht, süchtig bin ich nie geworden. An diesem Ort bekam ich wenigstens keine Prügel und war unter Menschen, die mir wohlgesonnen waren. Meine Mutter bekam natürlich Post von der Schule wegen meiner Abwesenheit. Daraufhin wollte sie mich zum Unterricht bringen. Mir gelang es immer wieder, sie auszutricksen. Zwei Tage vor meinem 14.Geburtstag kam ich in ein Heim, um meine berufliche Zukunft zu gewährleisten. Eine Ausbildung zum Elektroinstallateur schloss ich ab und erwarb den Gesellenbrief. Dazu musste ich vorher den Hauptschulabschluss nachholen. Ja, wenn ich eine Sache wirklich will, kann ich mich so richtig ranklotzen und schaffe, was ich mir vorgenommen habe. Darauf bin ich stolz.

Einfach war es für mich nicht als 14jähriger unter den 17/18jährigen. Ich wurde vom geprügelten Sohn zum geprügelten Heimkind. Das war schon Mobbing, was da mit mir betrieben wurde. Es ging bis zur körperlichen Erniedrigung, so dass ich mich immer mehr zurückzog. Ich hatte ein Einzelzimmer, in dem ich mich im Notfall einschließen konnte. Als ich älter wurde, betrachtete man mich als vollwertiges Mitglied. Später zog ich mit Bekannten um die Häuser, kam im Park an die falschen Leute, fing an zu kiffen, wurde Dealer. Etwa 1 kg Haschisch ging im Monat durch meine Wohnung. 2004 kam ich das erste Mal in die psychiatrische Klinik. Fürchterliche Depressionen quälten mich nach der Wiederkehr ins alltägliche Leben. Bei meiner schlimmsten Krise nahm ich 200 Schlaftabletten, gemörsert mit Alkohol. Ich wollte nicht mehr leben. Das klappte nicht, der Magen wurde mir ausgepumpt und ich war nicht im Himmel, sondern wieder auf dieser Erde, in der geschlossenen Station der Nervenheil-Anstalt. Selbst ein Cocktail aus Blutverdünnern und anderen Medikamenten konnte mein so verhasstes Leben nicht auslöschen. Ich behielt nach der Reanimation zwei gebrochene Rippen. Von 2004 bis 2008 kam ich mehrmals in die Klinik, eine echte „Drehtürkarriere" – rein in die Klinik, raus aus der Klinik, rein in die Klinik …

Nach meiner schlimmsten Krise im Jahre 2008, ich hatte meine Wohnung verloren, nahm mich mein Bruder in Hamburg in seine Familie auf. Er und sein zehnjähriger Bub haben mir gezeigt, wie man zufrieden leben kann. Achtsamkeit für mich und die Umwelt habe ich bei ihnen gelernt. Mein Genesungsweg verlief nicht ohne Probleme. Wie mein Vater neige ich dazu, cholerisch zu reagieren. Inzwischen kann ich über mein Verhalten reflektieren, mich selbstkritisch sehen. Obwohl das Grübeln auch zu viel werden kann, dann muss ich aufpassen, dass ich nicht abrutsche, in ein Loch gerate. Ich bin jetzt in der Lage, Frühwarn-Signale zu beachten und damit tieferen Depressionen aus dem Weg gehen.

Viel habe ich darüber nachgedacht, was wohl vorgefallen sein muss, dass mein Vater so viel Aggressivität an anderen ausließ. Ich weiß nur, dass er in der Hitlerjugend gewesen ist, jedoch habe ich nicht die geringste Vermutung wie diese Zeit ihn geprägt hat.

Auf meiner Suche nach mir selbst, bin ich auf die EX-IN-Ausbildung (schließt mit dem Zertifikat „Genesungsbegleiter" ab) gestoßen. Psychiatrie-Erfahrene reflektieren ihre eigene Geschichte und schaffen es, vom „Du zum Ich" zu kommen. Dabei lernten wir unter anderen die Lebenswelten von Betroffenen zu verstehen und darauf eingehen zu können. Weil wir als Betroffene selbst durch das tiefe Tal der Krise gegangen sind, können wir uns vor allem gefühlsmäßig sehr gut in die Welt psychisch Kranken hineinversetzen. Mit den erlebten und ausprobierten Genesungsstrategien ist es möglich, anderen zu helfen, ihren eigenen Weg im

Umgang mit der Krankheit zu gehen. Für viele ist es ein Hoffnungsschimmer: „Der Reiner hat es geschafft, warum sollte mir das nicht auch gelingen?"

Seit einiger Zeit arbeite ich in der Eingliederungshilfe und begleite Menschen mit einer psychiatrischen Diagnose. Von Kollegen und Besuchern erhalte ich Anerkennung für eine Tätigkeit, die ich wirklich gern mache. Bei einer Krisenbegleitung, in Gesprächsstunden und bei Aufnahme von neuen Besuchern in unsere Einrichtung „Das raue Haus" kann ich mein erworbenes Wissen und meine Erfahrungen als Betroffener bestens einbringen. Wichtig ist mir dabei vor allem, mit den zu begleitenden Menschen nach ihren positiven Seiten zu forschen, um das Negative auszuschalten. Ich fühle mich hier wohl. Meinen Platz habe ich in der sozial-psychiatrischen Szene gefunden. Ich engagiere mich in diesen Strukturen, mir ist es wichtig, in einem funktionierenden Netzwerk eingebunden zu sein. Viel Freizeit verbringe ich mit politischer Arbeit in verschiedenen Vereinen und Verbänden rund um die „Psycho-Szene". Ich bin stolz auf die Anerkennung, die mir mein Engagement einbringt. Ja, und meine Mutter hat es wirklich geschafft, sich von meinem Vater zu trennen. Sie wohnt jetzt im Altersheim, nimmt keine Beruhigungstabletten mehr. Wir haben einen liebevollen Kontakt. Darüber freue ich mich.

Zu meinem Vater habe ich gar keinen Kontakt, er verweigert sich mir, obwohl ich mehrere Versuche unternommen habe. Einen faulen Hund hat er mich immer genannt, der sein Leben nicht gebacken kriegt. Zu gern würde ich ihm zeigen, was ich geleistet habe und wie mein erfülltes Leben heute aussieht.

Susi – 32

Eines Tages hat mir mein Vater eine PDF-Datei mit 80 Seiten geschickt, darin hat er mir ausführlich erklärt, was in seinem Kopf passierte. Er spricht über die Stimmen, die ihn bedrohen, deren er sich nicht erwehren kann, die ihn zwingen, völlig ungewohnte Dinge zu tun. Sie fordern ihn auf, sich selbst zu töten. Geraume Zeit musste ich mich mit dem auseinandersetzen, was ich von ihm gelesen hatte. Es ist nicht einfach für jemanden, der noch nie eine Psychose dieser Art durchgemacht hat, sich mit den Befindlichkeiten der Betroffenen zu befassen. Es kommt einem alles so unwirklich und unfassbar vor. Seitdem ich weiß, dass er an Schizophrenie leidet und ich mich in Fachbüchern dazu belesen habe, kann ich ihn besser verstehen, einiges nachvollziehen, was manchmal mit ihm los war. Viele Sachen erschreckten mich.

Dass meine Eltern nicht miteinander klarkamen, sich stritten, drückte uns Kinder nieder. Als Kind fühlt man sich verantwortlich für die Stimmung in der Familie, man möchte zu Hause eine heile Welt haben. Wir sind dann manchmal abgehauen und haben uns lange auf dem Spielplatz herumgetrieben. Einmal habe ich mein Fahrrad geschnappt und war einfach weg. Ich wollte Vater und Mutter durch mein Verhalten aufrütteln.

Richtig ausgebrochen ist die Krankheit meines Vaters ziemlich spät, obwohl man sich bei uns in der Familie erzählte, dass ihm gewisse Eigenheiten schon in die Wiege gelegt worden seien. Stundenlang konnte er Kartoffeln entkeimen, Kohlen stapeln oder irgendwelchen anderen Systeme vervollkommnen. Das war seine Leidenschaft. Dabei konnte er die ganz Welt um sich herum vergessen. Später sollte sich daraus ein Messi-Syndrom entwickeln. Wieder und wieder musste er sich die Hände waschen. Durch diese unsinnigen Tätigkeiten ging unwahrscheinlich viel Zeit drauf. Vater bekam nichts mehr auf die Reihe. Eigentlich wollte er ja das Haus ausbauen. Aber wenn er erstmal rundherum die Öfen geheizt hatte, war er fertig. Und dann war da noch der Halbtagsjob in der Kfz-Werkstatt, der Kraft und Zeit raubte. Er hatte nach dem Abitur angefangen, Agrarwissenschaften zu studieren. 23 war er, als seine Eltern starben. Das hat ihn völlig aus der Bahn geworfen. Schon zu dieser Zeit wurde er leistungsschwächer und vor allem streitsüchtig und rechthaberisch.

Oft wusste er bei den vielen zu verrichtenden Arbeiten nicht, wo er anfangen sollte. Dadurch war er ständig unzufrieden, schob es auf für uns unlogisch erscheinende Umstände. Als er eine psychosomatische Darmerkrankung bekam, machte er meine Mutter verantwortlich. Diese wies das natürlich von sich. Streit blieb nicht aus. Meine Eltern haben sehr zeitig geheiratet, Das war damals so üblich. Dann stellte sich bald Nachwuchs ein. Mama hatte bereits registriert, dass Papa nur bedingt belastbar ist. Sie plante seine Aktivitäten in der

Familie so ein, dass sie ihn nicht überforderten. Trotzdem behandelte meine Mutter ihren Mann respektvoll. Wenn er sie bei uns als schlechte Mutter vorführte, weil sie zum Beispiel spät heimkam, war sie einfach nur traurig. Ich erinnere mich, dass wir mal nach Erfurt in den Urlaub fahren wollten und unser Zeitplan völlig durcheinander gebracht wurde, weil Vater immer noch mal nachschauen musste, ob alles in Ordnung ist. Auf diese Art und Weise verschob sich unsere Abreise um fünf Stunden. Das war kein guter Ferien-Auftakt. Mein Vater tat mir dann immer leid, war doch nicht zu übersehen, dass er der Schwächere gewesen ist. Innerlich habe ich mich sehr mies gefühlt, wenn ich seine Traurigkeit spürte.

Bevor es zu der räumlichen Trennung des Paares kam, fuhr meine Mutter mit uns beiden Kindern - ich war zwölf - (meine Schwester ist fünf Jahre jünger als ich) drei Wochen nach Delmenhorst. Ich hatte mich im Vorfeld gewundert, warum wir so lange wegfahren und auch darüber, weshalb wir so unsinnig viel Klamotten mitnahmen. Während der Fahrt im Auto sagte Mama uns, dass sie sich scheiden lassen wolle und wir nicht wieder zurückkehren würden. Mir gelang es nicht, diese neue Situation zu begreifen oder einzuordnen. Nun konnte ich mir allerdings die ängstliche Unruhe meines Vaters bei unserer Verabschiedung erklären. Für ihn war seine Ehefrau schon länger die BÖSE FRAU mit dem BÖSEN BLICK. Diese Meinung versuchte er dringlichst uns Kindern zu vermitteln, selbst wenn sie anwesend war. Ich hatte immer den Eindruck, dass meine Mutter eine sehr starke Frau gewesen ist, dabei hätte sie damals selbst Hilfe gebraucht. Wir waren in Delmenhorst in die Einliegerwohnung bei Verwandten gezogen. Ich nahm Mama übel, dass sie nicht in der Lage war, mir beizustehen, als mein Onkel mich schlug. Sie muss völlig ausgelaugt gewesen sein. Der Zusammenbruch kam, als mein Vater meine Schwester von der neuen Schule abholte und einfach mit sich nahm. Mich belastete enorm, dass mein Onkel meinte, ich sei daran schuld, weil wir Geschwister uns gestritten hatten. Mama meinte, ich müsste dann auch zum Vater, damit wir Kinder zusammen sind, das wäre das wichtigste. Das verstand ich natürlich nicht. Ich vermutete in meinem kindlichen Gemüt, dass sie mich nicht haben wollte. Eine ganz schreckliche Zeit. Letzten Endes blieb ich bei meiner Mama und meine Schwester blieb beim Papa.

Und dann bekam Vater Besuch von Scientology-Vertretern. Es war für ihn quasi die Antwort auf alle seine Schwierigkeiten. Die Rettung in der Not. Er wurde regelrecht fanatisch. Wenn ich ihn in den Ferien besuchte, versuchte er mich zu missionieren. Deswegen stritten wir uns wieder und wieder. Er warf mir vor, dass ich das alles nur nicht begreife und eines Tages schon dahinter kommen würde. Meine Schwester hatte er längst überzeugt, sie war ja auch erst neun. Nun gab mein Vater wahnsinnig viel Geld für seinen Glauben aus. Ständig hatte er neue windige Geschäftsideen, die ihn so fit machen sollten, dass er meiner Schwester ein gutes Leben bieten könnte. Er war davon überzeugt, dass er mit seinen neuen Freunden sein Leben meistern könnte, was ihm bis heute nicht gelungen ist. Mein Vater nahm Kredite auf, das brachte immer neue Hypotheken auf das Haus. Es wurde zu guter Letzt zwangsversteigert. An seinem ZUHAUSE hat er sehr gehangen. Dass er nun weichen musste, das hat ihm den Rest gegeben. Er sieht das anders. Meine Schwester schloss sich ebenfalls dieser Sekte an und betonte, dass Papa an allem selbst schuld sei. Das gibt ihre Überzeugung so vor. Sie lebt jetzt mit Mann und Kind in Wien und ist immer noch an diese Organisation gebunden. Inzwischen habe ich ein gutes Verhältnis zu ihr. Das Thema Scientology meiden wir, weil es sonst erfahrungsgemäß zum Streit kommt. Ich komme sehr schwer damit klar, dass meine Schwester in so einer profitfixierten Sekte ist. Ich halte deren Weltbild für elitär, teilweise menschenverachtend, wissenschaftlich nicht fundiert und pseudopsychologisch. Aber darüber rede ich nicht mehr mit ihr. Ich denke, es soll jeder nach seiner Fassung glücklich werden, solange niemandem Schaden zugefügt wird. Vater drehte nach der Sache mit ST vollkommen durch. Er aß nichts mehr, wurde immer magerer, Flüssigkeit nahm er auch nicht zu sich. Als die Polizei ihn aufgriff, war er nur noch ein Schatten seiner selbst. Man brachte ihn in die Psychiatrie. Ein Selbstmordversuch ging schief, er hing wohl doch zu sehr am Leben. Ein alter Schulfreund aus Merseburg ahm Vater bei sich auf, als er aus der Klinik entlassen wurde. Das war gut für ihn. So konnte er sich wieder aufrichten.

Seit einiger Zeit bewohnt er ein Zimmer im Betreuten Wohnen am Kyffhäuser. Dort scheint es ihm sehr gut zu gefallen, wenn ich ihn besuche, ist er interessiert, hört zu und lacht. Früher hat er fast nur von sich selbst erzählt. Er bedauert natürlich den Verlust seiner Eigenständigkeit, sieht aber ein, dass er es allein nicht schafft. Ständig kämpft er mit der STIMME – er bezeichnet sie als Wesen. Es ist schlimm für ihn, wenn er das Gefühl hat, dass ES sich seines Verstandes bemächtigt und seinen Willen im Griff hat. In seiner sozialen Einrichtung ist immer ein verständiger Ansprechpartner da. Das lindert seine Not. Inzwischen hat er lange Haare und einen langen Bart. Wir haben ein Ritual entwickelt. Montags rufe ich in zwischen 19.00 und 20.00 Uhr an und wir erzählen uns, was wir so treiben. Es ist angenehm mit meinem Papa zu reden, da er jetzt viel zugänglicher ist. Dieses Band ist inzwischen für uns beide wichtig geworden. Ihm wird es sicherlich Halt geben. Über seine Beschwerden reden wir wenig, obwohl sie noch da sind. Da über seine Medikamenteneinnahme gewacht wird, ist es aber nicht mehr so schlimm.

Mir war nicht klar, dass ich seelisch leiden kann. Dann hat mich eine heftige Krise erwischt. Depressionen trieben mich dem Alkohol und den Drogen in die Fänge. Ich fühlte mich tieftraurig, verlassen, allein gelassen. Ich gegen den Rest der Welt. Nach einem längeren Klinikaufenthalt habe ich mich ausgiebig mit psychischen Krankheiten beschäftigt. Ich wollte einfach wissen, was da mit den Menschen passiert, besonders die Früherkennung interessierte mich. Ein leichter Weg war es nicht für mich, dass ich jetzt dort stehe, wo ich bin. Das hat mit den vielen Unebenheiten, die ich durchlebt habe, zu tun. Es hat mich letztendlich stark gemacht, weil ich sie überwinden konnte. Meinem Bedürfnis, andere zu verstehen und ihnen zu helfen kann ich in meinem Beruf als Krankenschwester nachkommen.

Saschia – 31 & Pauline – 56

Saschia

Ich war erst zehn Jahre alt, als mir das erste Mal die Idee kam, mich umzubringen. Es sollte wohl ein Hilferuf an meine Mutter sein. Sie arbeitete wie ein Tier bis tief in die Nacht. Immer war ich allein. Mir kam es so vor, als wenn ich keinen Platz in ihrem Leben hätte. Alles was der Medizinschrank hergab, schluckte ich, um tot zu sein. Es klappe nicht. Mir wurde der Magen ausgepumpt. Meiner Mutter wurde geraten, sich um eine psychologische Beratung oder Betreuung für mich zu kümmern. Ich kam in die Nervenklinik. Als sie mich dort abholte, hat sie mich weder kritisiert noch hat sie mir Vorwürfe gemacht. Ich glaube mich zu erinnern, dass ich kein Verständnis gefunden habe. Besonders schlimm wurde es dann in der Pubertät mit mir. Ich zertrat Türen, beschmierte die Wände mit Totenköpfen. Drogen waren im Spiel. Das war der Punkt, wo ich mich an die Drogen-Beratungsstelle „Lichtblick" in Prenzlau wandte.

Pauline

Ich habe das alles damals anders eingeordnet. Ich hatte das Gefühl, dass Saschia in mir durch ihr Verhalten Schuldgefühle wecken wollte. Selbstverständlich hatte ich ein schlechtes Gewissen, weil ich kaum Zeit für meinen Engel hatte. Besonders schlimm war es für mich, wenn Stiefvater Karl auf meine geliebte Tochter einschlug. Ich war nicht in der Lage, sie zu beschützen, einzugreifen. Wie zur Salzsäure erstarrt stand ich da, nicht in der Lage, mich zu bewegen oder zu sprechen. - Ich musste es hinnehmen, von meinem Kind als Hure beschimpft zu werden. „Männer sind gut und schön, aber ich bin auch noch da", waren ihre Worte. Nach der Trennung von meinem Mann gab es jahrelang gar keinen Kontakt zwischen Saschia und ihm. Jetzt ist er der der auferstanden Vater. Saschia hat in letzter Zeit einen engeren Kontakt zu ihm. Ich denke heute, dass die Zeit, als ich meine Tochter so vernachlässigte, eine manisch geprägte Phase gewesen ist. Ich war zur Arbeitssüchtigen mutiert. Dass es eine psychische Störung sein könnte, dessen war ich mir nicht im Geringsten bewusst. Krank? Ich doch nicht!

Mit meinem neuen Partner bekam ich noch ein Brüderchen für Saschia, Max, vier Jahre jünger als sie. Jürgen war 22 Jahre älter als ich, ein Mann zum Anlehnen. Gemeinsam hatten wir die Idee für „Land in Sicht", ein Wohn-Projekt für psychisch kranke Menschen. Wie es so ist, wenn man eine großartige Idee hat und dann noch die Gelder zur Verwirklichung bereitgestellt werden: Wir haben uns voller Enthusiasmus und Freude der Verwirklichung unserer Ziele hingegeben. Viel Zeit blieb für die Kinder nicht. Irgendwann merkte ich: Da stimmt etwas mit dir nicht. Der anhaltende Zustand der Erschöpfung und der Schlaflosigkeit konnte doch nicht normal sein. Dann erlebte ich die ersten psychiotischen Momente. Ungern erinnere ich mich an diese schreckliche Zeit. Ich sah Bilder, hörte Stimmen. Eine Blockade im Unterleib sagte mir, dass die Spirale raus müsste. Bei einem Psychiater suchte ich Hilfe. Eine Bedrohung lag in der Luft: ich hatte unheimlich Angst, dass mir die Kinder weggenommen werden.

Saschia

Was mit meiner Mutter los war, habe ich zu dieser Zeit nicht registriert. Wenn sie mal gar nicht hochkam, kochte ich ihr ein Süppchen. Ich habe sie einfach so genommen, wie sie war. Mich selbst plagten Depressionen und Angstzustände. Ich versuchte verzweifelt herauszubekommen, was da mit mir los gewesen ist. Ich war einer „Leckt mich doch alle am Arsch-Stimmung" verfallen, wenn ich gekifft hatte. Ich sagte mir, dass ja zu Mutters Betreuung Jürgen da war. Außerdem kam Ursel aus Hamburg hin und wieder, um meiner Mutter zur Seite zu stehen.

Bei mir setzten die eigenartigen Zustände später ein. Ich sah überall elektromagnetische Felder. Ich wurde das Gefühl nicht los, dass Ströme und Schwingungen durch meinen Körper jagten. Die Personen im Fernsehen erschienen mir real. Sehr stark nahm ich Geräusche wahr. Die Geruchs- und Geschmackssinne wurden verwirrend für mich, weil sie so extrem ausgeprägt waren. Eine drei monatige

Therapie half mir da raus. Mir wurde klargemacht, dass ich bipolar wäre.

Pauline

Ein Kurs „Therapeutischer Tanz" löste einige Blockaden in mir und machte mir unheimlichen Spaß. Aus finanziellen Gründen konnte ich ihn leider nicht fortführen. Der Aufenthalt in einer christlichen Heilstätte brachte mich wieder in normale Bahnen. Jürgen wollte sich nicht auf diese religiösen Ansichten einlassen. Streit deswegen gab es zwischen uns jedoch nicht. Ich bin davon überzeugt, dass meine Krankheit etwas mit der Vergangenheit meiner Mutter zu tun hat. Sie musste 1945 mit ansehen, wie ihre Mama von den Russen vergewaltigt wurde. Dieses Geständnis hat meine Mutter erst ein Jahr vor ihrem Tod mir gegenüber gemacht. Meiner Ansicht nach führte diese Begebenheit dazu, dass ich in der Psychose die Geburt eines Kindes erlebte, obwohl ich gar nicht schwanger gewesen bin. Jeder Krankheitsausbruch hat bei mir etwas mit dem Tod zu tun. Als die Enkelin meiner Schwägerin in Hamburg gestorben ist, trieb mich das in eine ungewohnte Verzweiflung.

Die Schübe der Verwirrtheit und der Wahrnehmungsverschiebungen sowie der irre geleiteten Gedanken kamen in immer kürzeren Abständen. Ich wurde in die Psychiatrische Klinik eingewiesen. Am schlimmsten war für mich die

Angst, dass mein geliebter Partner Jürgen sterben würde. Es gab eigentlich keinen Anlass dazu.

Er hat vor nunmehr einem Jahr einen Selbstmord begangen. Die schlechten Gedanken der Depression haben ihn besiegt. Es gibt keine Worte die Sachias und meine Verzweiflung beschreiben könnten. Zum ersten Mal bekam ich bei meiner Einweisung in die Klinik Medikamente. Hin und wieder besuchte mich meine Tochter am Krankenbett.

Saschia

Ich kann mich nicht daran erinnern, dass ich meine Mutter im Krankenhaus besucht habe. Ich weiß nur noch, dass sie in ihrem Klinikurlaub Ostern bei uns verbracht hat. Mir ging es selbst schlecht, ich hockte mit meinem Freund Florian und meinem kleinen Sohn Jonny in einer Zwei-Zimmer-Wohnung. Ich war noch nicht in der Lage, meiner Mutter eine Hilfe zu sein. Sie konnte es nicht verkraften, dass sich ihr geliebter Jürgen aus dem Leben geschlichen hatte. Die ganzen Querelen in ihrem Betrieb – Mutter sprach von Mobbing – waren für sie unerträglich, für mich schlecht nachvollziehbar. Tante Ursel eilte mal wieder aus Hamburg zur Hilfe.

Nach der Geburt meiner Tochter Ambra stürzte ich in eine tiefe postnatale Störung. Über ein halbes Jahr verbrachte ich in der Psychiatrie, viel besser ging es mir nach diesem Aufenthalt nicht. Mein Kind kam zu Pflegeeltern. Als sie zwei Jahre alt wurde, sollte die

Entscheidung fallen, ob sie zu mir zurückkommen soll. Mir brach das Herz bei dem Gedanken, dass es nicht so sein könnte. Aber mir brach auch das Herz, wenn ich daran dachte, dass ich so ein kleines Geschöpf aus ihrer liebevollen Familie lösen sollte. Sie ist dort geblieben. Wir haben jetzt ALLE zusammen ein Familienleben, dass meine beiden anderen Kinder Jonny (10) und Myrte (2) sowie meine Mutter einbezieht. Es ist für alle gut so.

Saschia und Pauline

Wir wohnen nur wenige Kilometer voneinander entfernt in einer dörflichen Idylle. Inzwischen ist es so, dass eine von der anderen seismographisch wahrnimmt, was in ihrer Seele vorgeht. Sind wir doch beide in ähnlicher Weise betroffen. Das ist eine gute Grundlage für die wirkliche Möglichkeit des Verstehens. Wir können einander auffangen und aber auch gegenseitig einen Tritt geben, wenn es nottut. Unsere oft tiefgründigen Gespräche finden überall statt, im Badezimmer, im Garten, beim Kochen. Wenn es mal aussichtslos wird, wird das soziale Umfeld alarmiert, das funktioniert. So eine Gemeinschaft gibt Kraft und Geborgenheit. Inzwischen haben wir die positiven Seiten unseres Andersseins entdeckt – wir nennen es nicht gern Krankheit. Beide sind wir überaus sensibel, nicht nur uns selbst gegenüber, sondern auch bei unseren Mitmenschen spüren wir Verstimmungen und können drauf eingehen. Außerdem sind unsere

Neigungen sehr ausgeprägt. Pauline bastelt wunderschönen Schmuck und malt tolle Bilder, geht damit auf Flohmärkte. Das bringt Geld und Kommunikation. Saschia ist als Körperarbeiterin tätig. Ihre Feinfühligkeit lässt sie sofort die Leiden ihrer Patienten aufspüren und mit beeindruckender Kraft – sagen die Nutzer – beseitigen. Sie scheint die berühmten goldenen Hände zu haben.

Sigrid – 43

Meine Mutter war sechzehn Jahre alt, als sie ihr erstes Kind gebar. Das war ich. Meinen Vater hat sie mir in der Straßenbahn gezeigt, da muss ich so zehn gewesen sein. Das war das erste und letzte Mal, dass ich ihn zu Gesicht bekam. Wie man mir erzählte, zogen wir in eine Zweiraum-Wohnung in der Nähe der Jacobikirche, also in der Altstadt. Meine Mutter arbeitete in dem nur wenige Minuten entfernten Sankt-Barbara-Stift, das damals als Alters- und Pflegeheim diente. Schon im Alter von drei Jahren soll ich mit meiner türkisfarbenen Brottasche allein zur nahe gelegen Haltestelle gelaufen und mit dem Bus zum Kindergarten am Gudrunpark gefahren sein. Später war ich dann eines der legendären Schlüsselkinder; an einem Band um den Hals baumelte das Ding. Hin und wieder holten mich Arbeitskolleginnen meiner Mutter aus dem Kindergarten ab. Den größten Teil meiner Freizeit verbrachte ich in diesem Heim für ältere Leute. Da war ein wunderschöner wie verwunschener Garten, in dem ich Stunden zubringen konnte. Einige der alten Leute erzählten mir Märchen oder geheimnisvolle Geschichten. Es gab dort keine anderen Kinder. Stolz teilte ich mit den Schwestern das Essen aus und machte mich an vielen Stellen nützlich. Gern bin ich dort gewesen.

Ich erinnere mich aber auch an einige ganz schreckliche Dinge, die da passierten. Es gab eine tragische Zusammenstellung der Einwohner dieses Anwesens. Es befanden sich nicht nur normal gealterte Menschen, sondern auch geistig schwerkranke Menschen und Alkoholiker dort. Es kam schon mal vor, dass zum Beispiel von einem Alkoholabhängigen die Medizin vertauscht wurde. Dieser tobte dann im Delirium mit Wahnvorstellungen durch den Flur. Da hatte ich große Angst, so manches Bild hat mich mein ganzes Leben lang begleitet. Einer war geisteskrank, er schlug sich regelmäßig selbst. Ich sah die erste Leiche schon im zarten Alter von fünf Jahren. Immer wieder verunsicherten mich offene Krebsgeschwüre, der schwarze Stuhlgang der Schwerstkranken widerte mich an. Durch diese Erlebnisse wurde mir das Kindliche früh genommen. Eine der dort beschäftigten Frauen sagte einmal zu mir: „Mädchen du redest so ernst über alles, als hättest du schon eine Lebenserfahrung von über 30 Jahren." Ich muss so sechs oder sieben gewesen sein. Wenn ich jetzt so darüber nachdenke, stelle ich fest, dass diese Zeit mich sehr geprägt hat. Schnell spüre ich das Leid von anderen Menschen. Allerdings muss ich schon damals gelernt haben, mich nicht vereinnahmen zu lassen. Das ist ungewöhnlich für ein Kind. Ich erkannte die Situation und kümmerte mich um Hilfe. So ist das heute noch. In dieser Zeit fing ich an, die Trinkgewohnheiten meiner Mutter zu registrieren. Ganz allein abends zu Hause kippte sie sich mit harten Sachen wie Korn oder Braunen zu. Manchmal stand auch der eklig-üße DDR-Wermut auf dem Tisch. Eigentlich wollte sie immer nur zwei-drei Bier trinken, dann musste sie aber zwanghaft weiter machen. Daran hat sich nichts geändert. Manchmal ruft sie mich heute an, wenn sie einen in der Krone hat und erzählt mir, wie schlecht die Welt doch ist. Sie hatte nicht wie andere Leute eine Kotzgrenze, sie soff einfach weiter. In diesem Zustand machte sie mich als Kind mehrmals wach, klagte mir heulend ihr Leid. Gar nicht gern denke ich an die Geschichte, als sie sich in der Badewanne die Pulsadern aufschneiden wollte, vorher hatte sie Tabletten genommen. Ich musste das ganze Blut beseitigen. Als sie aus dem dritten Stock aus dem Fenster springen wollte, konnte ich sie an den Hosenträgern zurückziehen. Bei jedem ihrer Saufrituale verabschiedete sie sich von dieser Welt. Am nächsten Tag wusste sie von nichts mehr. Mit meiner heutigen Kenntnis der Dinge, vermute ich, dass Mutti depressiv war. Begegnen mir heute Menschen in solchen oder ähnlichen Situationen erschreckt mich das nicht. Schon damals habe ich gelernt, mit Alkoholikern umzugehen. Die Süchtigen müssen das spüren, ich ziehe sie an wie die Fliegen. Da ich selbst nicht trinke und aus Erfahrung weiß, wie sich das Spiel geht, kann ich mich ihrer erwehren. Als Mutter dann den Algerier kennenlernte, wurde es etwas besser. Er fühlte sich für mich verantwortlich, bereitete Mahlzeiten zu, brachte mich ins Bett und las mir Geschichten vor. Es war, als würde er die Mutterrolle einnehmen. Meine Mutti stellte einen Ausreiseantrag aus der DDR. Daraufhin hielt man den Geliebten in Paris, wo er wohnte, fest. So etwas wurde von der Staatssicherheit gesteuert. Vorher bekam ich allerdings noch einen kleinen Bruder: Rocco. Um den musste ich mich kümmern, wenn Mutter besoffen war. Abends kochte ich Kartoffeln mit Möhren, fütterte ihn und brachte den Kleinen ins Bett. Für meine Mutter war ich wie eine Verbündete, mit der sie alles besprach. Schon mit vier Jahren schickte sie mich einkaufen. Oft war kein Geld mehr da.

Meine Großeltern wussten nicht, was bei uns zu Hause los war. Besonders zu meinem Opa hatte ich eine innige Verbindung. Als er eines Tages kam und die Schnapsflasche auf dem Tisch sowie den leeren Kühlschrank sah, gab er mir Geld für den Bäcker und schickte mich auf den Spielplatz. Meine Mutter stauchte er ordentlich zusammen, geholfen hat es nichts. Fortan steckten mir die beiden alten Leute etwas zu essen zu, wenn ich sie besuchte. Von ihnen bekam ich auch viele Klamotten. Omi strickte kratzende Pullover. Meine Großeltern waren überzeugte Sozialisten. Opa arbeitete bei der Polizei,

Oma bei DER Partei. Dagegen war meine Mutter der totale Querschläger. Sie machte im Stift schon mal ihre Klappe auf, wenn sie anderer Meinung war als die Genossen der SED. Deshalb wurde sie hin und wieder zum Kadergespräch bestellt. Nachdem sie den Ausreiseantrag gestellt hatte, wurde sie von der Stasi beobachtet. Ständig stand so ein Typ vor unserem Haus. Obwohl bei uns manchmal abends ganz laute Musik war, bekam keiner der Nachbarn so richtig mit, was sich hinter unserer Wohnungstür abspielte.

Nur der Hausmeister fragte gelegentlich nach, ob alles in Ordnung sei. Er trug mir manchmal die Kohleneimer aus dem Keller hoch.

Mit 10 Jahren entdeckte ich die Christengemeinde in der Gudrunkirche. Dort ging es freiheitlicher zu als bei den Jungen Pionieren. Viele Stunden verbrachte ich in der Kirche und den dazugehörigen Räumen. Hier fand ich die Wärme, die ich zu Hause nicht hatte, das gab mir Halt. Wohltuend empfand ich die positive Sicht auf die Dinge des Lebens. Gut, ich habe auch bei den Pioniernachmittagen mitgemacht, habe es aber als Zwang empfunden und mich nicht damit identifiziert. Es kam mir alles etwas albern vor. Meine ganze Schullaufbahn war nicht sehr rühmlich. Wenn ich dem Stabü-Lehrer (Staatsbürgerkunde) unangenehme Fragen stellte, schmiss er mich raus. Ich war ein sogenanntes staatsfeindliches Objekt. Man drohte mir mit Schulverweis. Meine Mutter interessierte das alles nicht, nie ging sie zum

Elternabend. Sie bemerkte auch nicht, wenn ich monatelang die Schule schwänzte. Damals habe ich mir vorgenommen, dass ich das alles anders machen würde, wenn ich Kinder haben würde. Und daran habe ich mich gehalten. Ich suchte Gleichgesinnte und fand sie bei den Punks, den Schwulen und älteren Jugendlichen. Nach außen grenzten wir uns durch unsere Haarfrisuren und die selbst genähten Klamotten von den anderen ab, gebärdeten uns laut und auffällig. In der Schule wurde das manchmal zum Spießrutenlaufen. Eine eigene politische Meinung wollten wir haben und vertreten. Verbote akzeptierten wir nicht. Die Freiheit stand im Mittelpunkt unserer Diskussionen. Eines Tages – ich war zwölf - wurde ich von zwei Genossen der Staatssicherheit abgeholt. Zwei Tage lang war ich in der U-Haft und wurde verhört, auch nachts, im vollen Lampenlicht. Zwei Beamte stellten unentwegt Fragen, Kreuzverhör nannte sich das. Wie sich später herausstellte, hatte man vermutet, dass ich zu einem Trupp gehören würde, der in Warnemünde in ein Pelzgeschäft eingebrochen hatte und der sich der sozialistischen Erziehung entzog. Mit Klauen hatte ich aber nun wirklich nichts im Sinn. Kam schon mal vor, aber ganz selten. Von meiner Unschuld konnte ich die Männer nicht überzeugen. Ich kam in ein Durchgangsheim. Zwei Wochen verbrachte ich in einer Zelle, durch die Gitterstäbe konnte ich mich mit dem Mädchen nebenan unterhalten. Eine Metallpritsche und ein Tisch waren die einzigen Möbel, vor dem Fenster Panzerglas. Nachts wurden wir geweckt, mussten uns auf den Fußboden legen und unsere Gefangenen-Nummern sagen. Kurz vor Weihnachten kam ich in ein Heim für schwer erziehbare Kinder bei Bischhofswerda, daneben war ein Jugendwerkhof. Dort sollte ich lernen, mich in die Gruppe einzufügen. Ein halbes Jahr später wurde ich in eine Einrichtung der Stadt gebracht. Hier waren wir starken Einschränkungen ausgesetzt. Das Gelände war eingezäunt. Eine Stunde am Tag hatten wir Freizeit unter Aufsicht auf dem Hof. Jungen und Mädchen natürlich getrennt. Eigentlich sollte ich nach einem dreiviertel Jahr wieder nach Hause können. Ein Pädagoge beschloss jedoch, dass ich die achte Klasse noch im Heim abschließen sollte. Danach kam ich kurioserweise wieder in meine alte Klasse in meiner Heimatstadt, wo ich mich gut aufgehoben fühlte. Meine Mutter durfte ich die ersten drei Monate weder anrufen, noch konnte sie mich besuchen. Das Jugendamt hatte sie über meinen Verbleib informiert. Sie rannte von einem Gericht zum anderen wegen einer Besuchserlaubnis, erreichte jedoch nichts. Diesem Staat war man völlig ausgeliefert. Mutter hatte bei meiner Rückkehr einen neuen Freund. Die Trinkexzesse wurden weniger, sie war ausgeglichen und konnte Halt vermitteln. Trotzdem zog ich schon mit 16 aus, schwarz (ohne Wohnberechtigungsschein, was verboten war) in die Schillerstraße, dort wohnten viele in „besetzten Häusern". Das Alltagsleben zu organisieren hatte ich schon als Kind gelernt. Diese Selbständigkeit kam mir jetzt zugute. Mutti und ich trennten uns nicht im

Bösen. Hin und wieder steckte sie mir Geld zu. Allerdings machte sie gleichzeitig ihre Vorwurfskiste auf. Von wegen ich hätte ihr früher nicht seelisch beigestanden. Das sah und sehe ich aber noch heute ganz anders. Schließlich war ich das Kind. Nach der Wende haben wir uns vier Jahre nicht gesehen, weil ich weit weg in einer anderen Stadt wohnte. Jetzt aber würde ich unser Verhältnis als normal beschreiben.

Ja, ich habe einige Schicksalsschläge hinnehmen müssen, habe in jungen Jahren Abgründe im Menschlichen entdecken müssen. Das und die ständigen Probleme mit meiner Mutter haben mich natürlich geprägt. In meinen Beziehungen lass ich keinen so richtig an mich heran und habe immer Angst verlassen zu werden, deshalb greife ich zu Mitteln wie „Bevor du mich verlässt, gehe ich". Oft gerate ich an Männer, die sich nicht binden wollen oder die ich nicht wirklich haben kann, weil sie in einer Beziehung leben. Komisch, obwohl ich das alles weiß, kam ich aus diesem Muster nicht heraus. Endlich dann in einer Verhaltenstherapie habe ich mit dem Psychologen alles aufgearbeitet. Jetzt weiß ich, wie ich mich schützen muss. Das hilft mir auch bei meiner Arbeit als Sozialarbeiterin. Ich betrachte das jetzt als das, was es ist: Mein Beruf. All die vielen kleinen und großen Probleme nehme ich nicht mit nach Hause.

Swenja – 31

Ich habe es nie gelernt, etwas, was mir nicht gefällt, zu verurteilen. Vermutlich konnte ich gar nicht differenzieren. Permanent habe ich gelächelt, ohne zu zeigen, was ich eigentlich denke, strahlte gute Laune aus. Das hat sich zwar positiv auf die Wahrnehmung meiner Person ausgewirkt, aber keiner konnte auch nur ahnen, was in mir vorgeht und wie ich mich fühle. Während meiner Krebserkrankung machte mich eine Mitpatientin auf diese Tatsache aufmerksam.

STUFEN   Inge Müller

Ich schrieb und schrieb

Das Grün ins Gras

Mein Weinen

Machte die Erde nicht naß

Mein Lachen

Hat keinen Toten geweckt.

In jeder Haut hab ich gesteckt

Jetzt werd ich nicht mehr schrein –

Dass ich nicht ersticke am Leisesein.

Diese Worte sprechen mir aus dem Herzen.

Schon als Kind stand ich zwischen Vater und Mutter, versuchte, es beiden recht zu machen. Bald war ich nicht in der Lage, negative Emotionen zu zeigen.

Zwischen meinen Erziehungsberechtigten liegt altersmäßig ein Abstand von 14 Jahren. Das muss nicht problematisch sein, aber in unserem Fall war es so. Mein Vater war früher ein ganz normaler Maschinenbauingenieur. Meine Mutter hatte Bankkauffrau gelernt und ist dann Heilpraktikerin geworden. Sie litt schon früh an einer Bronchitis. Ihr großer Wunsch war, für ihren Mann gesund zu werden, weil sie spürte, dass er sie brauchte. Sie hat nicht genau wahrgenommen, was mit ihm los war, wollte seine Andersartigkeit totschweigen. Vorfälle, die seine Hilflosigkeit darstellten, kehrte sie einfach unter den Teppich.

Gespürt hatte ich schon immer, dass mit meinem Vater etwas nicht stimmte, jedoch konnte ich es nicht einordnen. Es war so ein unheimliches Gefühl. Redete ich mit meiner Mutter darüber, meinte sie ich wäre genau wie der Arzt und würde das alles falsch sehen. Der Vater solle sich mal zusammenreißen und nicht immer über seine Migräne jammern.

Beruhigungstabletten machten ihn depressiv, dem wirkte er mit Aufputschmittel entgegen. Als ich klein war, merkte ich das nicht und hätte es auch nicht verstehen können. Erst vor zwei Jahren habe ich begriffen, dass mein Vater nicht allein lebensfähig ist. Meine Mutter kann das heute noch nicht akzeptieren.

Bevor ich ausgezogen bin, habe ich das Thema direkt bei meinem Vater angesprochen. Ich fragte ihn, was er da verheimlicht, versteckt vor seinen Kindern (ich habe einen jüngeren Bruder und zwei Halbgeschwister aus erster Ehe meines Vaters, zu denen meine Mutter den Kontakt ablehnt). Keine Reaktion auf meine vorsichtig formulierten Fragen.

Meine Mutter meckerte nur häufig mit ihm, kritisierte ihn, weil er nicht in der Lage gewesen ist, sich um die vielen alltäglichen Dinge zu kümmern. Ob es Kindergeburtstage oder Urlaube waren, Mutter war für alles zuständig. Es machte sie nervös, überforderte sie. Sie entwickelte ein negatives Lebensbild, mit dem sie mich ansteckte. Ihre übertriebenen esoterischen Ansichten zogen mich teilweise runter. Allerdings lernte ich viele praktische Kniffe von ihr. So sage ich mir heute abends noch beim Zähneputzen drei gute Dinge, die ich an diesem Tag erlebt habe. Das lässt mich beruhigt einschlafen.

Wurde ich übellaunig, warf mir meine Mutter vor, ich wäre wie Papa in schlechten Zeiten. Dabei sah er vieles positiv. „Papa hat Realitätsverlust" hieß es, wenn er in einer leicht manischen Phase war. Überhaupt wurde er immer als der Bösewicht hingestellt.

Es war verwirrend, wenn Vater von den Leuten erzählte, die hinter uns her sind und uns umbringen wollen, dass wir deswegen nicht rausgehen dürften, zu Hause bleiben müssten. Er wechselte in der ganzen Wohnung die Schlösser aus. Das war der Anlass, weswegen er von seiner Ehefrau in die Psychiatrie zwangseingewiesen wurde. War er wieder entlassen, benahm er sich komischerweise vollkommen normal. Und dann seine Armutsangst. Das war keine Sparsamkeit mehr. Er brauchte einen gewissen Anteil an Geld oder an Lebensmitteln für sein Sicherheitsgefühl. Vielleicht rührte es daher, dass er noch die Kriegszeit erlebte. Damals musste man ja alles horten, weil man nie wusste, wann man wieder etwas bekam, was man unbedingt benötigte – wie zum Beispiel Nahrung. Er aß seine Haferflocken morgens mit Wasser statt mit Milch. Dieser Sparsamkeitstrieb war fest in ihm verankert.

Mir gegenüber war und ist er sehr großzügig.

Inzwischen haben sich meine Eltern getrennt. Nach der Scheidung hat er meine Mutter nicht nur finanziell unterstützt. Später haben sie den Kontakt zueinander komplett abgebrochen, obwohl sie sich sehr lange für seine seelische Gesundheit verantwortlich gefühlt hat. Am Wochenende überredete sie ihn häufig zu Radtouren und Spaziergängen.

Ich besuche beide in unregelmäßigen Abständen.

Schon einige Zeit vor dem Mutterbesuch schlafe ich schlecht. Jedes Mal werde ich dort krank.

Bei meinem Vater ist das nicht so, ich freue mich auf ihn und merke, dass es ihm gut tut, wenn ich da bin. Er ist so genügsam, oft kaufe ich ihm Klamotten, schleppe ihn in ein Museum, in ein Restaurant. Hinterher bedankt er sich bei mir und beteuert, wie schön es für ihn gewesen sei. Er bringt es jedoch nicht fertig, sich ganz allein mal was zu gönnen. Da ist immer diese Armutsangst (nicht zu vergleichen mit Geiz), die ihn hemmt. Im gewissen Maße geht mir das genauso und ich kann ihn deshalb gut verstehen, obwohl wir nie darüber reden. Ich denke sehr viel übe die Eigenheiten meines Vaters nach und würde gern wissen, wie es zu seiner Krankheit kommen konnte. Ich will das alles verstehen, durchdenken, hinterfragen. Ich mag solche Denkprozesse, wenn es mir gelingt, Licht in eine dunkle Angelegenheit zu bringen.

Mir ist aufgefallen: Ich fühle mich immer wieder zu Männern mit Suchterkrankung hingezogen. Dabei bin nicht ich diejenige, die den ersten Schritt tut. Mein erster Freund war 20 Jahre älter als ich, ihm war ich ziemlich untertan. Ich hätte nicht gewagt wegen seines Alkoholkonsums zu mucken. Ich war ihm ausgeliefert. Getrennt habe ich mich dann doch.

Zu dem Vater meines Sohnes (8) gab es zehn Jahre Altersunterschied. Auch diese Beziehung brach ich ab. Und dann habe ich festgestellt, dass ich mir ja auch selbst einen Mann aussuchen kann und nicht warten muss, bis mich einer will. Das ging. Auch er ist Alkoholiker. Ich weiß nicht, warum ich diese Kerle anziehe. Vielleicht weil ich mich nicht rumdrehe und gehe, wenn ich merke, was los ist. Ich rede mit Bernd über seinen Alkoholkonsum. Wenn es mir zu viel ist, schmeiße ich ihn raus. Wir wohnen im gleichen Haus, da ist das leicht möglich. Wahrscheinlich spürt mein Freund, dass ich mit psychisch Kranken umgehen kann und nicht gleich ausraste. Ich selbst habe Suchtphasen hinter mir. So schüttete ich mich mit Arbeit zu, um das Grübeln zu vermeiden.

Würde Bernd nicht mehr trinken und wie alle anderen funktionieren, würden wir sicherlich näher zusammenrücken. Ich bin mir nicht sicher, ob ich das will. Will ich näher zusammenrücken? NEIN.

Ich habe viel darüber gegrübelt, was uns beide angeht und vor allem darüber, was es mit der Krankheit meines Vaters zu tun hat. Ich habe schon angefangen, es aufzuschreiben.

Ursula – 70

Ich habe gelernt, zu vergeben. Wenige Tage, bevor meine Mutter starb, konnte ich sie dessen versichern. Ich habe gespürt, dass sie mich verstanden hat. Dafür habe ich sie gern gelobt. Nie habe ich gedacht, dass dies möglich sei, habe ich doch Jahrzehnte gebraucht um zu verstehen und anzunehmen. Meine Mutter war nicht gesund und ihr mir gegenüber so unverständliches Verhalten war durch die psychische Krankheit geprägt. Das habe ich nun endlich verstanden. Ich konnte sie nun ehrlichen Herzens küssen.

Es war ein langer Weg bis dorthin. Ausschlaggebend für meine Richtungsänderung war im Jahre 1981 die Bekanntschaft mit dem Nagelkreuz von Coventry. Ich will das kurz erklären: Die Geschichte des Nagelkreuzes begann mit der "Operation Mondscheinsonate" der deutschen Luftwaffe, dem schweren Luftangriff auf Coventry am 14.November 1940. Es starben dabei 550 Menschen und große Teile der Innenstadt wurden zerstört. Darunter war auch die St. Michaels Kathedrale. Der Domprobst ließ bei Aufräumarbeiten aus dem Dachstuhl drei große Zimmermannsnägel zu einem Kreuz zusammensetzen. Er ließ außerdem die Worte "FATHER FORGIVE" in die Chorwand der Ruine meißeln. Dieses Kreuz steht heute auf dem Altar der benachbarten 1962 geweihten Kathetrale. Weltweit haben sich unter diesem Zeichen 160 Nagelkreuzgemeinden entwickelt. Ein internationales Netzwerk steht für Frieden und Versöhnung, unabhängig von jeglicher Religion.

1981 hatte ich bei einem Festival vom DDR-Friedensrat den ersten Kontakt mit dem Versöhnungsgedanken. Ein langes und tiefes Nachdenken brachte mich dem Thema immer näher. Gezwungenermaßen setzte ich mich mit meiner eigenen Vergangenheit auseinander, mit Erfahrungen, die mich geprägt haben. Sie haben mich meiner Mutter gegenüber versöhnlich gestimmt.

Mein Vater war ein ganz schlimmer Finger, der durch seine Staatssicherheits-Tätigkeit alle Möglichkeiten ausschöpfte, um ihm unbequemen Leuten das Leben schwer zu machen. Er war ein Schreibtischtäter. Selbst machte er sich nicht die Finger schmutzig - Befehle reichten, um unbeliebten Personen Schaden zuzufügen. Mir war er unheimlich. Oft behauptete meine Mutti: "Ich stehe zwischen dir und Vati." Sie war schwerkrank. Mein Vater wusste von ihrer Behandlung beim Arzt, kehrte das aber unter den Tisch, war gleichgültig ihr gegenüber. Das ließ sie vermutlich später zur Alkoholikerin werden.

Durch den Bombenangriff auf Hamburg war sie verschüttet gewesen und später durch ein weiteres Ereignis traumatisiert. Ihre Verwandtschaft verbrannte. Mein Erzeuger war zu dieser Zeit als Gefreiter bei der Wehrmacht. Er kam erst 1948 zu uns zurück.

Die ersten zwei Jahre nach meiner Geburt lebte ich bei meinen Großeltern mütterlicherseits. Sie schenkten mir einen Teddy, den ich über alle Maßen liebte. Als ich etwa drei Jahre alt war, verbrannte meine Mutter dieses Kuscheltier in der Waschküche vor meinen Augen in dem Feuer unter dem Trog. "So sind meine Eltern auch verbrannt", waren ihre Worte dazu. Für sie war ich nun eine Leidensgenossin. Mein Vater hatte aus Gründen, die ich nie ermitteln konnte, darauf gedrungen, dass der Teddy weg kommt.

Mit 14 erfuhr ich, dass sich meine leibliche Großmutter väterlicherseits und mit ihr andere Angehörige 1945 auf dem Dachboden erhängt haben. Wir wohnten in einem Mietshaus und hatten einen Waschplan. Auch bei schlechtem Wetter musste der eingehalten werden. Die Wäsche wurde auf dem Dachboden aufgehängt. Schon beim Hinaufsteigen spürte ich die Angst meiner Mutter. Sie redete jedoch nie über die Furcht, da oben möglicherweise wieder Leichen zu finden. Dieses Trauma hat sich auf mich übertragen - ich kann heute noch nicht auf einen Dachboden steigen.

Erst Jahrzehnte später erklärte mir ein Psychiater, dass solch gruselige Bilder ohne Worte auf die nächste Generation übertragen werden können. Lange Zeit bewegte ich mich beim Geräusch eines Flugzeugs hin zum Radio, um ängstlich zu lauschen, ob ein Krieg ausgebrochen sei. Diese Eigenart legte ich erst ab, als ich meine erste eigene Wohnung bezog.

In meiner Erinnerung ist meine Erziehung super gelaufen. Es war alles so, wie es sein sollte. Ich sehe mich mit meinen Freundinnen Ostereier bemalen, beklebte Schachteln wurden zu Häusern – ein Dorf entstand. "Wipp das Hütchen" und „Mensch ärgere dich nicht" wurden gespielt. Materiell ging es uns gut, es fehlte an nichts. Bei der Stasi verdiente man sehr gut. Meine Klamotten waren exquisit, ich war immer schick angezogen. Allerdings hat sich mein Vater kaum für meinen Alltag interessiert. Meine

Mutter war Hausfrau. Nach und nach wurde ihr Verhalten immer eigenartiger. Man hatte den Eindruck, dass sie mit ihren Gedanken immerzu wo ganz anders sei. Es muss einen Bruch im Leben meiner Mutter gegeben haben, als ich im neunten Lebensjahr gewesen bin. Dass sich diese Wesensveränderung durch die Alkoholabhängigkeit entwickelte, habe ich erst registriert, als ich beim Studium war. Zu dem Schritt in eine andere Stadt zu ziehen, habe ich lange gebraucht. Beide - Vater und Mutter - haben geklammert, konnten mich nicht loslassen.

Sexueller Missbrauch durch meinen Vater. Ich möchte darüber nicht im Einzelnen reden, das genauer erklären. Es war so, dass wir bis zu meinem 15.Lebensjahr zu dritt im Ehebett schliefen. Mutter, ich, mein Vater. Bis zur zehnten Klasse hatte ich kein eigenes Bett. Bei der Klärung einer Herzentzündung blieb dem Stadtarzt nicht verborgen, dass mit mir etwas nicht stimmte. Genauer möchte ich nicht darauf eingehen. Von da an schlief ich im Wohnzimmer auf der Couch. Ob meine Mutter etwas mitbekommen hat, weiß ich bis heute nicht. Reflektieren über diese Zeit konnte ich erst nach dem Tod meines Peinigers im Jahre 2007. Der Psychologe hatte mich daraufhin angesprochen.

Später habe ich keinen Mann an mich herangelassen, ich wollte kein billiges Sexualobjekt sein. Trotzdem schlitterte ich wieder in das alte Muster des „Sich-nicht- wehren-könnens" hinein. Es war eine

Selbstverständlichkeit, dass mein verheirateter Chef mich benutzte. Gemocht habe ich ihn schon irgendwie aber da er in festen Händen gewesen ist, war von Anfang an klar, dass ich die Frau in der zweiten Reihe bin, sein Flittchen.

1968, da war ich 23 Jahre alt, kam ich das erste Mal in eine psychiatrische Behandlung. Elektroschocks sollten mich disziplinieren, der Vorwurf lautete: Sie grübelt zu viel über den Sinn des Lebens nach. Dunkle Gedanken quälten mich. Alles war schwarz und sinnlos. Jahrzehntelang wusste ich nicht, was normal und was krank ist. Tabletten haben mein Seelenleben wieder einigermaßen eingerenkt. Ich habe gelernt, Überforderungen aus dem Weg zu gehen, mich bewusst zu entspannen. Nach und nach stabilisierte ich mich. Es kommt es allerdings immer noch vor, dass ich in meiner Tageskleidung schlafe. Das ist wie eine schützende Schicht für mich.

Mein in die Welt verlorenes Vertrauen habe ich erst mit oder durch den Pastor meiner Heimatgemeinde wieder gefunden. Das hängt auch damit zusammen, dass ich drei Bücher von Weizsäcker geradezu studiert habe. Dabei ist mir klar geworden, dass meine eigene Friedlosigkeit zur seelischen Krankheit geworden ist. Ich darf keine Dummheit und Boshaftigkeit mehr zulassen, wenn mein Heilungsprozess sich weiter entfalten soll. Es ist eine Fürsorge für mich selbst.

Mein Weg hat mich erst spät dahin geführt, vergeben zu können. Jetzt weiß ich aus Erfahrung, es ist wohltuend für beide Seiten. Im bescheidenen Maße möchte ich das an die Menschen um mich herum weitergeben. In unserer Begegnungsstätte "Das Boot" haben wir einen Schreib- und Malzirkel, da bearbeiten wir auf unsere Art und Weise, was uns auf der Seele liegt. Regelmäßig zeigen wir das Erarbeitete in Ausstellungen oder stellen es bei Lesungen vor.

Psychische Krankheiten

Persönlichkeitsstörungen

ICH – das ist die Persönlichkeit. Jede Persönlichkeit mit all ihren einzigartigen Eigenschaften gibt es nur ein Mal. Selbst Zwillinge können sich ganz und gar ähnlich sehen, unterscheiden sich jedoch in Einstellungen, Gefühlen und Benehmen voneinander.

Was passiert, wenn die Persönlichkeit gestört ist? Es ist eine Störung des Verhaltens- und Fühl-Erlebens. Bestimmte Neigungen zeigen sich besonders ausgeprägt und können von dem Betroffenen nicht mehr gesteuert werden. So wiederholen sich z.B. Tätigkeiten immer wieder hintereinander, sind nicht abzustellenden. Es entstehen Zwangshandlungen bzw. -gedanken. Menschen mit einer Essstörung sind hilflos dem Wunsch ausgeliefert, nicht dicker zu werden. Ohne Hilfe können sie sich nicht dieser Idee widersetzen.

Essstörungen, Süchte, Traumata und Borderline sowie Ängste und deren höchste Form die Panik gehören u.a. zu den Persönlichkeitsstörungen. Der Patient ist ohne Hilfe nicht in der Lage, die unterschiedlichen Störungen zu beheben. Dafür schämt er sich, tut diese Dinge heimlich, entzieht sich seinen Mitmenschen. Er ist verunsichert, unkonzentriert, nervös und hat Schwierigkeiten mit seinen Arbeitsaufgaben.

Stimmungsschwankungen sind die Folge.

Psychosen

Ein Mensch nimmt die Umwelt völlig anders wahr als alle anderen. Er ist nicht in der Lage, Gefühle so anzunehmen, wie sie von seinem Gegenüber ausgesandt werden. Dieser Zwiespalt führt zu ausgeprägten Ängsten und Verfolgungsideen. Die Empfindungen werden teilweise von Wahnvorstellungen begleitet. Das bedeutet, dass diese Menschen Dinge sehen und hören, schmecken oder riechen, die in Wirklichkeit gar nicht da sind. Es wäre falsch, sie von der Unmöglichkeit zu überzeugen und es geht auch gar nicht, weil ihre Vorstellungen für sie einfach GEGENWÄRTIG sind.

Sie erhalten Botschaften, die sie verwirren oder fühlen sich von elektrischen Strömungen beeinflusst, möchten das Umfeld davor warnen.

Durch diese Bedürfnisse verspüren die Betroffenen Unruhe, Nervosität, Überempfindlichkeit, Irritierbarkeit, Schlafstörungen. Häufig tragen sie seltsame Kleidung, werden gleichgültig, fühlen sich ständig bedroht und beobachtet. Plötzlich stellen sich völlig ungewohnte Interessen ein z.B. für Religionen oder übernatürliche Dinge und Magie. Ein Weltveränderungsbedürfnis teilen sie völlig überzeugt ihrem Umfeld mit.

Psychosen können in sehr vielfältigen Formen auftreten, die hier nicht alle genannt werden können.

Depressionen machen die Menschen unendlich traurig. Sie ziehen sich zurück, wenn es zu Auseinandersetzungen im Umkreis kommt.

Schizophrenie

Die Wirklichkeit (Licht, Farben, Gesichter, Geräusche, Gerüche, Geschmack) wird von dem Patienten völlig verändert wahrgenommen. Er hat ein Erlebnis der Eingebung von Stimmen und Gedanken in seinem Kopf. Zusammenhänge werden von ihm aus diesem Grund verkehrt gedeutet, vor allem im persönlichen Bezug zu sich und seinen Mitmenschen. Aus Sicht dieser ist das Benehmen des Betroffenen wie ein Wahn, eine Störung des Denkens.

Freunde und Bekannte fühlen sich verunsichert, weil sie mit dem Kranken nicht so umgehen können, wie sie es normalerweise mit tun. Er ist nicht einsichtig, reagiert eher zornig. Für ihn ist das, was er wahrnimmt, eine GEWISSHEIT. Er fühlt sich bedroht, wenn man ihm seine Wahrheit ausreden will.

Ein akut Erkrankter zeigt sich für Außenstehende scheinbar verrückt. Seine schwer verstehbaren Handlungen und Äußerungen entspringen jedoch keinem Verlust der Intelligenz, sondern sind das Ergebnis ihrer Gedanken im Kopf.

Die Folgen davon sind Panik als wichtigstes Element, Niedergeschlagenheit, Leistungsunfähigkeit und der Rückzug aus der Gesellschaft sowie Depression.

Zwänge

Die wesentlichen Kennzeichen sind unaufhörlich wiederkehrende aber nicht erwünschte Gedanken, die zu sich wiederholenden - in dieser Häufigkeit sinnlosen - Handlungen führen. Man selbst prüft gelegentlich, ob die Tür wirklich abgeschlossen ist, kann sich der Wiederholung trotz besseren Wissens nicht entziehen.

Zwangspatienten sind nicht in der Lage sich ihren stark drängenden Aufforderungen im Kopf zu entziehen. Im gewissen Sinne ist der „Lautstärkeregler" im Gehirn zu stark aufgedreht.

Sie hören allerdings keinen Stimmen sind nur diesen aufdringlichen Geboten ihres Gehirns ausgesetzt.

Menschen mit zwanghaften Persönlichkeitsstörungen wie Wasch- und Putzzwang, Kontrollzwang, Wiederholungszwang, Ordnungszwang oder Sammelzwang sind übermäßig fleißig und wollen alles ganz perfekt machen. Im Arbeitsleben erweisen sie sich als ungewöhnlich gewissenhaft und übergenau. Dadurch wird die Aufgabenerfüllung verhindert. Ihre Angst vor Fehlern behindert ihre Entscheidungsfähigkeit. Stimmungsschwankungen stellen sich ein.

Ängste

Angst ist eigentlich eine gesunde Eigenschaft, weil sie uns vor Gefahren schützt, zuverlässig warnt – zügiger, als wir denken können. Unser Körper verfügt über „fertige Programme", die bei Bedarf automatisch abgerufen werden.

Bei manchen Leuten treten solche Alarmreaktionen auf, wenn gar kein Anlass dazu da ist. Das kann in der Mitte von Menschenmengen, beim Aufenthalt in geschlossenen Räumen wie im Fahrstuhl oder Bus sein. Auch auf weiten Plätzen und in großer Höhe fühlen sich Angstpatienten unwohl. Oft kommt ES auch wie aus heiterem Himmel. Einigen Kranken geht es besonders schlecht, wenn sie im Mittelpunkt stehen oder sich beobachtet fühlen.

Diese Alarmauslöser können sogar mit Todesangst einhergehen. Das Gehirn ruft schlimme Befürchtungen wie in Ohnmacht zu fallen oder verrückt zu werden hervor. Der Höhepunkt ist die schreckliche Angst vor der Angst, ein Panikzustand entsteht. Herzrasen, Schweißausbrüche, Schwindel, Atemnot, Unruhe, Übelkeit und Durchfall bringen den Patienten in eine totale Hilflosigkeit, die sich steigert, der er meint, nicht entrinnen zu können.

Das Leben ist beeinträchtigt durch einen Rückzug von den Mitmenschen, Abhängigkeiten, Arbeitsunfähigkeit und Stimmungsschwankungen.

Traumata

Diese Störung tritt als eine verzögerte Reaktion auf ein ungewöhnlich belastendes Ereignis auf, eine Bedrohung katastrophalen Ausmaßes. Die Erlebnisse konnten von kürzerer oder längerer Dauer sein. Dazu gehören schwere Unfälle, Gewaltverbrechen, Naturkatastrophen oder Kriegshandlungen. In dieser Situation spürten die Betroffenen entsetzliche Angst und Schutzlosigkeit. Weil ihnen in diesem Schock-Moment keine Möglichkeit zur Bewältigung der Sachlage Verfügung standen, empfinden sie im Nachhinein Hilflosigkeit und einen Verlust der Kontrolle.

Entsetzlich sind für die Betroffenen das ständige Wiedererleben der nicht verarbeiteten Ereignisse in Form von Tagträumen und nächtlichen Attacken. Sie sehen keine Chance, diese Momente auszuschalten, die sich ihnen unerwartet aufdrängen.

Gegenstück dazu ist ihr Vermeidungsverhalten: gefühlsmäßige Stumpfheit, Gleichgültig- und Teilnahmslosigkeit. Orte und Gelegenheiten, die Erinnerungen an die scheinbar nicht auslöschbaren Szenen wecken, werden strikt gemieden.

Es verfestigt sich eine Übererregtheit, Schlafstörungen, Reizbarkeit, Konzentrationsschwierigkeiten und eine erhöhte Wachsamkeit mit Schreckhaftigkeit. Dies geht häufig mit Depressionen einher.

Süchte – legale und illegale

Mittel wie Alkohol, Tabak, Coffein, Beruhigungs- und Schlafmittel, flüchtige Lösungsmittel (z.B. Klebstoffausdünstungen schnüffeln) sowie illegale Drogen können süchtig machen. Möglicherweise kann bereits ihr einmaliger – auf jeden Fall mehrmaliger Gebrauch – der erste Schritt in die Abhängigkeit sein. Zunächst wird eine positive Wirkung erzielt, das unbefriedigende Lebensgefühl bessert sich bei der Einnahme kurzzeitig. Die anschließende Ernüchterung lässt einen Teufelskreis entstehen. Der erneute Wunsch nach Rausch rückt in den Lebensmittelpunkt. Die Wirkung der Substanzen nimmt jedoch bei ständiger Wiederholung ab. Es sind immer höhere Dosen notwendig.

Als „nicht stoffgebundene Abhängigkeiten" gelten Glücksspiel, Internetsucht aber auch Arbeits- und Sexsucht.

Dem „Kater" folgen Verstimmungen. Der Betroffene isoliert sich und verändert für Außenstehende erkennbar sein Wesen. Alkohol-Entzugserscheinungen führen dazu, dass sich der Patient bei länger dauernder Abhängigkeit nicht mehr in seinem eigenen Gebiet zurechtfindet. Er sieht Kleintiere und Insekten, das beängstigt ihn und bringt ihn durcheinander

Die Folge ständigen Alkoholmissbrauchs ist eine von Außenstehende zu beobachtende Schädigung des Gehirns.

Eine wesentliche Rolle, spielt das kriminelle Verhalten, weil das Suchtmittel unbedingt – koste es, was es wolle - beschafft werden muss.

Essstörungen

Essgestörte beobachten, kontrollieren und zügeln ihr Essverhalten, um abzunehmen oder wenigstens nicht zuzunehmen. Das Essen verliert seine Normalität. Diäten, Fasten, Aussparen von „verbotenen" Lebensmitteln, übertriebener Sport und Abführmittel werden alltäglich. Das eigene Selbstwertgefühl hängt mehr und mehr vom Körpergewicht ab.

Nicht nur das Verhalten und Erleben, auch der Körper verändert sich. Es kommt zu dramatischen Störungen im Gleichgewicht des Stoffwechsels und der Hormone. Das normale Hunger- und Sattheitsgefühl fällt dadurch aus. Es kommt zu

Heißhungerattacken. Bei der **Ess- und Brechsucht** werden die Lebensmittel im Laufe der Zeit geübt von sich gegeben. Es gibt durchaus normalgewichtige Zeiten.

Die **Magersucht** lässt das Zu-fett-sein zu einer nicht zu verdrängenden Idee werden, die das ganze Leben des Patienten bestimmt. Die Krankheit wird geleugnet, u.a. weil der Leidensdruck nicht empfunden wird. Im Gegenteil, es entsteht ein Hochgefühl mit jedem Gramm weniger. Die eigene Wahrnehmung im Spiegel ist gestört.

Die Stimmung steigt und fällt unablässig.

Auf die Dauer stellen sich ein niedriger Blutzucker-spiegel, verlangsamter Herzschlag, niedriger Blutdruck und Verstopfung ein. Diese Menschen werden schwächer und schwächer. Sie müssen mit einem Versagen sämtlicher Körperfunktionen rechnen.

Depressionen

Diese Erkrankung äußert sich in zahlreichen Beschwerden und entwickelt sich schleichend, so dass der Betroffene seine Veränderung nicht registriert. Es herrscht eine anhaltende gedrückte Stimmung, die oft keinen äußeren Anlass hat. Dieser Mensch verspürt zu nichts Lust, selbst das Denken – was Voraussetzung für das Handeln ist - fällt ihm schwer.

Es quält den Depressiven ein häufig unbegründeter Versündigungs- oder Verarmungswahn sowie Hoffnungslosigkeit. Für ihn hat das Leben daher keinen Sinn mehr, er gerät zusehends in ein Abseits ohne Kontakt zu anderen Menschen. Das kann soweit führen, dass der an Depression Leidende das Haus nicht mehr verlässt, nicht ans Telefon geht. Selbsttötungsphantasien bleiben nicht aus.

Der Patient lebt in seiner ganz eigenen dumpfen Welt. Den Aufforderungen, etwas Bestimmtes zu tun, leistet er keine Folge. Nicht, weil er es nicht WILL, er KANN es nicht. Er ist einfach nicht in der Lage, sich aufzuraffen. Schon tägliche Verrichtungen kosten ihn enorm viel Kraft, er ist von einer bleiernen Müdigkeit gelähmt. Das betrifft besonders die Zeit nach dem Aufwachen, weil zu diesem Zeitpunkt Vorhaben für den Tag geplant werden müssten.

Angstmachende Gedanken wie ein Rad im Kopf des Betroffenen und lassen sich nicht abschalten.

Nicht jede Stimmungsschwankung nach einer Trennung, dem Verlust eines geliebten Menschen oder anderen prägenden Ereignissen ist eine Depression, sondern eine ganz normale Reaktion.

Bipolare Störungen   **manisch-depressiv**

Bipolare Störungen verlaufen meist chronisch, d.h. sie verfestigen sich. Gekennzeichnet sind sie in der manischen Phase durch Hochgefühle (wie

Überaktivität, Euphorie, Gereiztheit im ungewöhnlichen Maß) sowie durch tiefe Traurigkeit und Wertlosigkeit in der Depression. Diese beiden Phasen treten unabhängig von der augenblicklichen Lebenssituation auf. Häufig bleibt die Krankheit unerkannt. Überdurchschnittlich viele kreative Menschen leiden an einer bipolaren Erkrankung.

Im Spannungsfeld dieser beiden Zustände ist ein geregeltes Leben nur schlecht möglich. Es ist schon vorgekommen, dass Betroffene „Hab und Gut" in einer manischen Phase verkauft haben oder aus einer Eingebung heraus unglaubliche Einfälle mit einer ansteckenden Kraft verwirklicht haben. Diese Patienten sind durch das Gesetzbuch geschützt.

Wenn sie in „Hochform" sind, kann man sie nicht bremsen, sie sind nicht mehr zugänglich, schlafen kaum, um ihre für das Umfeld unverständliche Vorhaben zu verwirklichen. In der „Tiefform" sind sie nicht in der Lage, ihre alltäglichsten Aufgaben zu erledigen, sie verschließen sich vollkommen.

Gleichzeitig erleiden diese Personen Schmerzen an unterschiedlichen Organen, ohne dass ein medizinischer Befund nachgewiesen werden kann. Dadurch beschäftigen sie sich beharrlich mit der Angst, an einer schweren Krankheit zu leiden.

Es kommen gesunde Zeiten vor, die Krankheit kann über längere Zeit nicht zum Zug kommen.

Borderline

Die Betroffenen erleben sich als Opfer ihrer heftigen Stimmungen und neigen zu selbstschädigenden und beleidigenden Verhalten. Sie wirken launisch und reagieren ungewöhnlich stark auf Zurückweisungen, die sie durch ihre Angriffe hervorrufen. Die Betroffenen beschreiben, dass sie sich „fremd" vorkommen, glauben nicht, sie selbst zu sein. Sie fühlen sich innerlich zerrissen.

Es wird vermutet, dass diese Patienten, unter unverarbeiteten Erlebnissen leiden, über deren Ausmaß sie sich nicht bewusst sind. Schwerer Missbrauch, über den kaum oder nie gesprochen wurde, gehört dazu. Eine Vernachlässigung im Kindesalter kann die Ursache ihres verwirrenden Benehmens sein. Oft sind es Menschen, denen durch ihre psychisch kranken Eltern keine oder wechselnde Grenzen gesetzt wurden. Deshalb sind sie im Erwachsenenleben immer noch nicht in der Lage, die Folgen ihrer Verhaltensweisen einzuschätzen. Ein großes Problem ist für Borderline-Mütter der Umgang mit ihren Kindern.

Massive Ängste vor dem Alleinsein beherrschen die Patienten. Ihre Beziehungen wechseln ständig, Schmerz spüren sie kaum. Wenn sie sich mit spitzen Gegenständen in immer höheren Grade selbst verletzen, gibt ihnen das das Gefühl, sich endlich zu spüren und aus ihrem Teufelskreis heraus- zukommen, von allem abgelenkt zu sein.

Borderliner haben Beziehungsprobleme, weil sie Nähe zu anderen Menschen nicht aushalten.

Drogeneinnahmen und gefährliche nicht überschaubare Handlungen sind an der Tagesordnung.

Zusätzlich werden die Betroffenen von Depressionen gequält.

Demenz

Die Demenz (lateinisch „ohne Geist") beeinflusst die Leistung des Gehirns. Fähigkeiten wie das Erkennen, das Gedächtnis, die Sprache sowie das Lernen und Planen werden zunehmend beeinträchtigt. Dadurch sind die gefühlsmäßigen Wahrnehmungen und die Reaktionen der Erkrankten auf andere Menschen unverständlich. Das führt zu Verwirrung im Umfeld. Der Kranke kann viele Dinge im Gedächtnis nicht zurückrufen und vor allem mit anderen Ereignissen nicht mehr verbinden.

Man muss sich das vorstellen wie einen Computer, der verschiedene Felder hat. Diese Felder sind untereinander verbunden, deshalb kann sich der Mensch etwas merken, sich erinnern. Das Langzeitgedächtnis funktioniert also noch geraume Zeit, weil sie noch gespeichert werden konnten. Selbst die lange zurückliegende Vergangenheit kann aber im Endstadium der Demenz nicht mehr abgerufen werden. Nahstehende Personen werden nicht mehr in den richtigen Zusammenhang gebracht, nicht erkannt.

Beim Kurzzeitgedächtnis haben die Felder, die sich für das Erinnern verbinden müssten, keinen Zugang mehr zueinander. Es geht einfach nicht mehr. Einem Feld ist der Weg zu dem anderen abgeschnitten. Abläufe können nicht mehr nachvollzogen werden.

Diese Personen sind sehr unglücklich über die vielen Missverständnisse und über die unangenehmen Situationen, die sie unwissentlich hervorrufen.

Es gibt eine weitere Form der Demenz, die durch andere Krankheiten bedingt ist wie Parkinson oder chronischer Alkoholismus und ständig wiederkehrende starke Depressionen.

Burnout und Abgrenzung

Burnout – ausgebrannt sein. Menschen fühlen sich ständig überfordert, können beruflichen und privaten Belastungen nicht standhalten.

Burnout ist keine wissenschaftlich anerkannte Krankheit – es fehlt ein einheitliches Beschwerdebild -, sondern eher ein Zustand. Die Betroffenen erleben unterschiedliche Auswirkungen einer Überarbeitung oder eines scheinbar nicht lösbaren Konflikts. Diese Umstände machen unzufrieden und ungewöhnlich traurig.

Ein häufiger Fehler bezieht sich darauf, den Begriff des Burnouts mit einer Depression gleichzusetzen.

Beschwerden dieser Störung beziehen sich in erster Linie auf eine niedergedrückte Stimmung, Antriebslosigkeit sowie Interessen- und Freudeverlust.

Die gefühlte Überlastung, das Gefühl von ausgebrannt sein kann sich auch als Folge einer Depression einstellen.

Beim ersten Anzeichen von gesteigerter Vergesslichkeit oder dem Eindruck, dass sich die Denkleistung enorm verschlechtert, sollte der Facharzt (Neurologe) aufgesucht werden. Nur er kann genau feststellen, um welche Krankheit es sich handelt. Die Ursachen können auch ein Hirntumor, eine Schilddrüsenüberfunktion oder beginnende Demenz sein. Spezielle Untersuchungen und Testverfahren geben Aufschluss über die Ursachen der Beschwerden.

Zeitfracht Medien GmbH
Ferdinand-Jühlke-Straße 7
99095 Erfurt, Deutschland
produktsicherheit@kolibri360.de